中国铁建股份有限公司企业标准

铁路车载移动测量技术规程

Technical Specification for Railway Vehicle-borne Mobile Mapping

Q/CRCC 13501—2020

主编单位：中铁第一勘察设计院集团有限公司
批准单位：中国铁建股份有限公司
施行日期：2021 年 5 月 1 日

人民交通出版社股份有限公司

2021·北京

图书在版编目(CIP)数据

铁路车载移动测量技术规程／中铁第一勘察设计院集团有限公司主编. — 北京：人民交通出版社股份有限公司,2021.4

ISBN 978-7-114-17172-7

Ⅰ.①铁… Ⅱ.①中… Ⅲ.①铁路测量—测量系统—技术操作规程 Ⅳ.①U212.24-65

中国版本图书馆 CIP 数据核字(2021)第 051369 号

标准类型：中国铁建股份有限公司企业标准
标准名称：铁路车载移动测量技术规程
标准编号：Q/CRCC 13501—2020
主编单位：中铁第一勘察设计院集团有限公司
责任编辑：曲 乐 李 娜
责任校对：孙国靖 魏佳宁
责任印制：张 凯
出版发行：人民交通出版社股份有限公司
地 址：(100011)北京市朝阳区安定门外外馆斜街 3 号
网 址：http://www.ccpcl.com.cn
销售电话：(010) 59757973
总 经 销：人民交通出版社股份有限公司发行部
经 销：各地新华书店
印 刷：北京印匠彩色印刷有限公司
开 本：880×1230 1/16
印 张：4.75
字 数：95 千
版 次：2021 年 4 月 第 1 版
印 次：2021 年 4 月 第 1 次印刷
书 号：ISBN 978-7-114-17172-7
定 价：37.00 元

(有印刷、装订质量问题的图书,由本公司负责调换)

中国铁建股份有限公司文件

中国铁建科创〔2020〕172 号

关于发布《铁路箱梁架设信息化施工技术规程》等 6 项中国铁建企业技术标准的通知

各区域总部，所属各单位：

现发布《铁路箱梁架设信息化施工技术规程》（Q/CRCC 13201—2020）、《大直径泥水盾构施工安全技术规程》（Q/CRCC 33302—2020）、《铁路建设项目水土保持施工及验收规程》（Q/CRCC 12701—2020）、《悬挂式单轨交通机电系统技术标准》（Q/CRCC 33303—2020）、《铁路车载移动测量技术规程》（Q/CRCC 13501—2020）和《盾构法水下交通隧道技术规程》（Q/CRCC 33304—2020），自 2021 年 5 月 1 日起实施。

6 项标准由人民交通出版社股份有限公司出版发行。

中国铁建股份有限公司
2020 年 12 月 23 日

中国铁建股份有限公司行政办公室　　　　　　2020 年 12 月 23 日印发

前　言

本规程是根据中国铁建股份有限公司《关于下达 2019 年中国铁建企业技术标准编制计划的通知》（中国铁建科技〔2019〕127 号）的要求，由中铁第一勘察设计院集团有限公司会同有关单位编制完成。

在本规程的编制过程中，编制组进行了深入调查研究，系统地总结工程实践经验，广泛征求有关单位和专家意见，并与相关标准进行了协调，经反复讨论、修改，由中国铁建股份有限公司科技创新部审查定稿。

本规程共分 10 章，主要技术内容包括：1. 总则；2. 术语和符号；3. 基础控制网测量；4. 靶标控制网测量；5. 数据采集；6. 数据预处理；7. 线路测量数据处理；8. 铁路限界测量数据处理；9. 线路及附属设备调查测量；10. 成果整理与归档。

本规程由中铁第一勘察设计院集团有限公司负责具体技术内容的解释，由中国铁建股份有限公司科技创新部负责管理。标准执行过程中如有意见或者建议，请寄送中铁第一勘察设计院集团有限公司（地址：陕西省西安市雁塔区西影路 2 号，邮政编码：710043），以供今后修订时参考。

主 编 单 位：中铁第一勘察设计院集团有限公司
参 编 单 位：中铁第四勘察设计院集团有限公司
　　　　　　武汉大学
　　　　　　中国铁路西安局集团有限公司
　　　　　　武汉汉宁轨道交通技术有限公司
主要起草人员：任晓春　武瑞宏　何小飞　梁春方　李清泉　毛庆洲
　　　　　　何金学　净文常　曹成度　付宏平　袁永信　张占忠
　　　　　　李　丹　王海英　王　博　张齐勇　胡晓斌　王永刚
　　　　　　胡庆武　熊勇钢

主要审查人员：卢建康　刘成龙　夏艳军　李庆民　张立青　许　磊
　　　　　　许光宏　张　坤　李缠虎

目　次

1 总则 ·· 1
2 术语和符号 ·· 3
　2.1 术语 ··· 3
　2.2 符号 ··· 6
3 基础控制网测量 ·· 8
　3.1 一般规定 ··· 8
　3.2 基础平面控制网测量 ··· 9
　3.3 基础高程控制网测量 ··· 11
　3.4 成果资料整理 ·· 13
4 靶标控制网测量 ·· 15
　4.1 一般规定 ··· 15
　4.2 靶标设计与制作 ··· 16
　4.3 靶标布设 ··· 17
　4.4 靶标测量 ··· 18
5 数据采集 ··· 21
　5.1 一般规定 ··· 21
　5.2 设备安装 ··· 25
　5.3 基站架设 ··· 25
　5.4 数据采集 ··· 26
6 数据预处理 ·· 29
　6.1 一般规定 ··· 29
　6.2 数据融合 ··· 29
　6.3 点云数据处理 ·· 30
　6.4 数据预处理质量检查 ··· 31
7 线路测量数据处理 ··· 32
　7.1 一般规定 ··· 32
　7.2 里程数据处理 ·· 32
　7.3 中线数据处理 ·· 35
　7.4 高程数据处理 ·· 38
　7.5 横断面数据处理 ··· 39
　7.6 地形测绘 ··· 40

- 7.7 沿线三维实景建模 ·· 42
- 7.8 线路测量数据成果提交 ·· 43

8 铁路限界测量数据处理 ·· 45
- 8.1 一般规定 ·· 45
- 8.2 线间距数据处理 ·· 46
- 8.3 建筑物限界数据处理 ··· 47
- 8.4 接触网限界数据处理 ··· 48

9 线路及附属设备调查测量 ·· 50
- 9.1 一般规定 ·· 50
- 9.2 成果提交 ·· 51

10 成果整理与归档 ·· 52

附录 A 控制点埋石图及标识 ·· 54
附录 B 控制点点之记 ··· 56
附录 C 靶标样式示意图 ·· 57
附录 D 隧道段靶标控制网自由测站边角交会测量构网形式 ····························· 58
附录 E 线路及附属设备调查成果表 ··· 59
本规程用词说明 ·· 60
引用标准名录 ·· 61
涉及专利和专有技术名录 ··· 62

Contents

1 General ··· 1
2 Terms and Symbols ··· 3
   2.1 Terms ··· 3
   2.2 Symbols ··· 6
3 Base Control Network Measurement ·· 8
   3.1 General ·· 8
   3.2 Base Plane Control Network Measurement ····································· 9
   3.3 Basic Elevation Control Network Measurement ······························ 11
   3.4 Sorting Out Achievements ·· 13
4 Target Control Network Measurement ·· 15
   4.1 General ·· 15
   4.2 Target Design and Fabrication ··· 16
   4.3 Target Deployment ··· 17
   4.4 Target Measurement ··· 18
5 Data Acquisition ·· 21
   5.1 General ·· 21
   5.2 Equipment Installation ··· 25
   5.3 Base Station Erection ·· 25
   5.4 Data Acquisition ·· 26
6 Data Preprocessing ··· 29
   6.1 General ·· 29
   6.2 Data Fusion ·· 29
   6.3 Point Cloud Data Processing ·· 30
   6.4 Data Preprocessing Quality Check ··· 31
7 Line Measurement Data Processing ·· 32
   7.1 General ·· 32
   7.2 Mileage Data Processing ··· 32
   7.3 Centerline Data Processing ··· 35
   7.4 Elevation Data Processing ·· 38
   7.5 Cross Section Data Processing ·· 39
   7.6 Topographic Mapping ··· 40

7.7	3D Real Scene Modeling Along the Line	42
7.8	Submission of Line Survey Data Results	43
8	**Railway Clearance Measurement Data Processing**	**45**
8.1	General	45
8.2	Line Spacing Data Processing	46
8.3	Building Clearance Data Processing	47
8.4	Catenary Clearance Data Processing	48
9	**Line and Ancillary Equipment Survey**	**50**
9.1	General	50
9.2	Results Submission	51
10	**Results Sorting and Filing**	**52**
Appendix A	Stone Map and Identification of Control Points	54
Appendix B	Notes on Control Points	56
Appendix C	Target Pattern Diagram	57
Appendix D	Target Control Network Free Station Corner Intersection Survey Network Structure in Tunnel Section	58
Appendix E	Line and Ancillary Equipment Survey Results Table	59
Explanation of Wording in This Specification		**60**
List of Quoted Standards		**61**
List of Patents and Know-how		**62**

1 总则

1.0.1 为统一铁路车载移动测量技术方法及要求，保证测量成果满足铁路测量需求，制定本规程。

1.0.2 本规程适用于使用车载移动测量系统开展的普速铁路线路复测、限界测量、设备调查以及高速铁路限界测量、设备调查等工作。

条文说明

本规程适用于普速和高速铁路的限界测量和设备调查工作，线路复测工作适用于速度目标值 $v≤200$km/h 的普速有砟铁路或无砟铁路。

1.0.3 车载移动测量平面坐标系统宜采用既有铁路工程坐标系。高速铁路工程独立坐标系投影长度变形值不宜大于 10mm/km，普速铁路工程独立坐标系投影长度变形值不宜大于 25mm/km。

1.0.4 车载移动测量高程系统宜采用 1985 国家高程基准。当采用独立高程系统时，应与 1985 国家高程基准进行联测。

1.0.5 时间系统宜采用协调世界时（UTC），全球导航卫星系统（GNSS）时间宜转换为 UTC 时间，计时基本单位为秒（s）。

1.0.6 车载移动测量控制网应按分级布网的原则分两级布设，第一级为基础控制网，为靶标测量提供控制基准；第二级为靶标控制网，为移动测量点云精度增强提供坐标基准。

条文说明

车载移动测量控制网分两级布设，第一级为基础控制网，第二级为靶标控制网。基础控制网主要为靶标控制网提供坐标和高程起闭基准。另外，在车载扫描作业时，也用于地面架设基站。靶标控制网成果主要用于纠正定位测姿系统（POS）轨迹线，提高点云数据的平面和高程精度。

1.0.7 线路既有控制网成果满足本规程要求时，宜直接采用，否则应补桩复测或新建控制网。

1.0.8 车载移动测量数据存在盲区时，应采用其他技术手段进行补测，测量精度指标不得低于本规程的要求。

条文说明

　　车载移动测量扫描时，由于铁路限界要求，扫描仪安装位置不能太高，遇到高路基、高路堑地段，在坡脚、堑顶区域会存在扫描盲区；线路上临时停靠的火车、站台、雨棚等也会遮挡扫描仪。针对此种情况，应采用其他技术手段进行补充测量，测量精度应满足本规程要求。

1.0.9 测量精度应以中误差衡量，极限误差规定为中误差的 2 倍。

1.0.10 测量记录、计算成果和图表，应书写清楚、签署完善，并应复核和检算，未经复核和检算的资料不得提供和使用。各种测量原始记录、计算成果和图表应妥善保存。

1.0.11 车载移动测量工作应认真贯彻安全生产方针，结合各阶段工作特点和具体情况，制订相应的安全生产措施。

1.0.12 测量仪器、工具和扫描设备使用之前应进行检校，并做好日常的保养和维护工作。

1.0.13 所有设备上道作业应遵守铁路管理部门和铁路运营企业的相关规定。

1.0.14 车载移动测量除应符合本规程外，尚应符合国家现行有关标准和中国铁建现行有关企业技术标准的规定。

2 术语和符号

2.1 术语

2.1.1 激光扫描仪 laser scanner
发射激光脉冲,通过记录激光脉冲从发射经目标物反射到接收单元的时间延迟,测定发射点到目标反射点之间距离的激光测距系统。

2.1.2 里程计 odometer
安装于移动载体平台上,用于记录系统行进里程值,计算一定时间内行进距离的量测装置。

条文说明
里程计主要通过记录车轮行进的里程长度,在 POS 轨迹线解算时,该数据可辅助惯导进行解算,尤其是当 GNSS 信号差或隧道内无 GNSS 信号时,里程计对解算结果会有很大改善。

2.1.3 惯性测量装置 inertial measurement units(IMU)
根据惯性测量原理,测量物体姿态角或者角速度、加速度或速度增量的装置。

2.1.4 定位测姿系统 position and orientation system(POS)
用于确定传感器空间位置参数和姿态参数的系统,一般由全球导航卫星系统(GNSS)接收机和惯性测量装置(IMU)集成。

2.1.5 全景影像 panoramic image
利用多镜头相机对同一位置地理场景、不同方位拍摄多幅具有一定重叠的影像,按成像视场进行拼接融合得到的水平方向为360°、垂直方向大于90°的全视场影像。

2.1.6 铁路车载移动测量系统 railway vehicle-borne mobile mapping system
以轨道车辆为平台,集成了控制系统、定位测姿系统及其他测量传感器(激光扫描仪、数字相机等)的综合测量系统。

2.1.7 横滚角 roll angle

以车载移动测量系统的右、前、上构建右手坐标系，绕向前的轴旋转为横滚角，右滚为正。

2.1.8 俯仰角 pitch angle

以车载移动测量系统的右、前、上构建右手坐标系，绕向右的轴旋转为俯仰角，向上为正。

2.1.9 偏航角 yaw angle

以车载移动测量系统的右、前、上构建右手坐标系，绕向上的轴旋转为偏航角，右偏为正。

条文说明

定义车载移动测量系统的三个角度坐标系时，通常以载体前进方向为 Y 轴正方向，X 轴正方向垂直于 Y 轴正方向指向右，Z 轴正方向指向上，由此定义一个右手坐标系，绕向前的轴旋转为横滚角，绕向右的轴旋转为俯仰角，绕向上的轴旋转为偏航角，车载移动测量系统坐标系如图 2-1 所示。

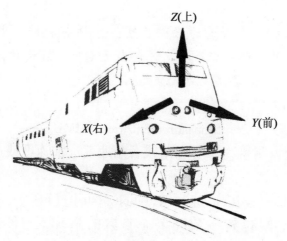

图 2-1　车载移动测量系统坐标系示意图

2.1.10 紧耦合 tightly coupled

惯导与卫星信号互相辅助，修正各自测量误差的双向组合解算技术。

2.1.11 松耦合 loosely coupled

以惯导为主，卫星信号仅用于对惯导测量误差进行修正的单向组合解算技术。

条文说明

松耦合、紧耦合是 GNSS/IMU 组合解算的两种不同的机制，松耦合解算以 IMU 为主。在 GNSS 可用时，GNSS 信号用于导航信息的最优估计，并用最优估计结果反馈修正 IMU，使其保持高精度；GNSS 不可用时，IMU 单独工作输出惯性导航解。紧耦合解算时，GNSS 和 IMU 互相辅助，一方面 GNSS 信号用于修正 IMU，另一方面，IMU 信号在卫星星历辅助下，用于计算载体相对于 GNSS 卫星的伪距和伪距率，并用该信息辅助 GNSS 信号的接收和锁相，提高 GNSS 的接收精度和工作可靠性。松耦合技术要求 GNSS 跟踪到 4 颗以上的卫星才能正常工作，而紧耦合技术在 GNSS 接收机跟踪到的卫星少于 4 颗的情况下仍能正常工作。一般情况下，建议使用紧耦合进行组合解算。

2.1.12　检校　calibration
基于转台、控制场、准直光管等外部高精度位置、姿态基准，对车载移动测量系统的传感器内外参数、各传感器间的线元素和角元素等偏移进行标定的工作。

2.1.13　激光点云　laser point cloud
以离散、不规则方式分布在三维空间中激光点的集合。

2.1.14　点云点间距　point cloud point spacing
同一条点云扫描线上相邻两点间的距离。

2.1.15　点云线间距　point cloud line spacing
相邻两条点云扫描线之间的距离。

条文说明
激光扫描仪是通过高速旋转发射激光，通常每秒钟可发射 10 万～200 万个点、可旋转 50～400 圈不等，随着载体平台的移动，扫描的点云是一条一条的线，同一条扫描线上相邻两点的距离就是点云点间距，相邻两条扫描线的距离就是点云线间距。

2.1.16　靶标　target
一种经过特殊设计制作，用来纠正、提高轨迹线精度的测量标志。

2.1.17　点云融合　point cloud fusion
将激光扫描仪获取的原始激光数据与组合导航获得的定位测姿数据融合解算，得到三维点云成果。

2.1.18　既有线测量　existing railway survey
获取既有铁路的线形、设备、设施位置的测量工作，主要包括里程测量、中线测量、高程测量、地形测绘、横断面测量、站场测绘等内容。

2.1.19 里程测量　mileage measurement

获取既有铁路线路长度的测量工作。

2.1.20 中线测量　centerline measurement

获取既有铁路线路中心线平面和高程的测量工作。

条文说明

传统的中线测量特指利用导线或外移桩测量线路中线平面坐标，中线高程采用水准方法单独施测。本规程采用车载三维激光扫描测量中线，平面和高程可同时获取。

2.1.21 曲线整正计算　curve realignment calculation

利用线路实测线形数据进行曲线拟合，使曲线尽可能恢复为标准曲率的拨道量的计算。

2.1.22 横断面测量　cross section survey

获取中桩处垂直于线路中线方向地面上各点的起伏形态、地物状态的测量工作。

2.1.23 铁路限界　railway clearance

为保证运输安全而限定的建筑物、设备与机车车辆相互间在线路上不能逾越的轮廓尺寸线，分为建筑限界和机车车辆限界两种。

2.1.24 线间距　distance between centers of tracks

两相邻线路中心线间的距离。

2.1.25 线路设备调查　survey of railway equipment

对安装于线路周边的标志标识类、沟槽盖板类、辅助行车类、安全防护类、固定监测和检测类等路产设备设施的位置、属性进行调查。

2.2 符号

m_D——测距中误差；

m_β——测角中误差；

m_α——方位角中误差；

m_γ——方向测量中误差；

W——闭合差；

σ——GNSS测量基线长度中误差；

f_β——附合导线或闭合导线角度闭合差；

L——导线或水准路线长度;

N——导线或水准路线中附合路线或闭合环的个数;

M_Δ——每千米水准测量的偶然中误差;

M_W——每千米水准测量的全中误差;

n——连续自然数的一个数值;

V——改正数;

R——曲线半径;

ρ——激光反射率。

3 基础控制网测量

3.1 一般规定

3.1.1 高速铁路或普速无砟铁路控制网补网和复测工作应按其建网测量的精度执行。

条文说明

本规程基础控制网布设及测量相关技术要求仅针对未建立控制网的普速有砟铁路。

3.1.2 基础控制网应包括基础平面控制网和基础高程控制网，平面控制网与高程控制网宜共桩布设，控制点的埋设标石规格应符合本规程附录 A 的要求。

3.1.3 基础控制网布设应遵循因地制宜、技术经济合理、确保质量的原则，并应符合下列规定：

1 对于普速铁路、高速铁路，建设期间已建有平面与高程控制网且控制网成果满足要求的，应直接采用。
2 已建立控制网的线路在使用前应进行普查，控制点丢失较多且不满足测量需求时应补桩复测。
3 对于未建立控制网的普速铁路，应按本规程规定新建基础控制网。
4 与国家或地方坐标系统联测时，应进行联测方案设计。
5 增设或补设控制点应采用同精度内插方式完成。

3.1.4 基础控制网布设应符合下列规定：

1 基础控制网应沿线路走向布设，宜 2km 布设一个点或 4km 布设一对点，点对间距不宜小于 600m。测量工作开展前，应根据测区地形、地貌及线路工程情况进行基础控制网设计。
2 基础控制点宜布设在距线路中心 50～200m 范围内不易被破坏、稳定可靠、便于测量的地方。标石埋设完成后，应按本规程附录 B 的要求做好点之记。
3 长度大于 2km 的隧道进、出口，车站等特殊结构物两端应各布设一对点间距大于 600m 且相互通视的基础控制点。
4 平面控制网按对点布设时，应至少一个点进行高程联测。

条文说明

（1）当控制网成果只用于限界测量与设备调查时，基础控制网点间距可适当放宽。

（2）基础控制网点位布设宜兼顾沿线桥梁、隧道、车站及其他大型构（建）筑物，基础平面控制网点位附近不应有强烈干扰接收卫星信号的干扰源或强烈反射卫星信号的物体。

（3）大型车站内部一般设置有雨棚等设施，靶标控制点需采用导线等方法施测，因此两端应至少布设一对相互通视的基础平面控制点，以便靶标控制测量。

3.1.5 基础平面控制网可采用 GNSS 测量、导线测量、自由测站边角交会测量等方法施测，基础高程控制网可采用水准测量、光电测距三角高程测量等方法施测。

3.1.6 基础平面控制网采用 GNSS 测量方法或导线方法施测时，应符合现行行业标准《铁路工程测量规范》（TB 10101）的相关规定，测量等级应符合表 3.1.6 的规定。

表 3.1.6　基础平面控制网测量等级

列车运营速度 v（km/h）	测 量 等 级
$120 < v \leqslant 200$	三等
$v \leqslant 120$	四等

3.1.7 基础高程控制网测量采用水准测量方法或光电测距三角高程测量方法施测时，应符合现行行业标准《铁路工程测量规范》（TB 10101）的相关规定，测量等级应符合表 3.1.7 规定。

表 3.1.7　基础高程控制网测量等级要求

列车运营速度 v（km/h）	测 量 等 级
$120 < v \leqslant 200$	三等
$v \leqslant 120$	四等

3.1.8 基础控制网观测前应对观测设备进行检校，作业期间仪器应在有效检定期内。

3.2 基础平面控制网测量

3.2.1 基础平面控制网应采用边联结方式构网，形成三角形或大地四边形组成的带状网。全线（段）宜一次布网，整体平差。

3.2.2 基础平面控制网应起闭于国家或铁路高等级平面控制点，每 50km 左右宜联测一个高等级平面控制点，全线联测高等级平面控制点的总数不宜少于 3 个。在与其他铁路交叉或连接处，应与其平面控制点联测，联测控制点的个数不应少于 2 个。

3.2.3 基础平面控制网测量采用 GNSS 测量方法时，主要技术指标应符合表 3.2.3 的规定。

表 3.2.3 基础平面控制网 GNSS 测量主要技术要求

等级	固定误差 a (mm)	比例误差系数 b (mm/km)	基线边方位角中误差 (″)	约束点精度 方位角中误差 (″)	约束点精度 边长相对中误差	约束平差后最弱边边长相对中误差
三等	≤5	≤3	1.7	1.3	1/180000	1/100000
四等	≤6	≤4	2.0	1.7	1/100000	1/70000
五等	≤10	≤5	3.0	2.0	1/70000	1/40000

注：当基线长度短于 500m 时，三等边长中误差应小于 5mm，四等边长中误差应小于 7.5mm，五等边长中误差应小于 10mm。

3.2.4 基础平面控制网 GNSS 外业观测、基线向量解算、网平差及坐标转换等工作，应符合现行行业标准《铁路工程测量规范》（TB 10101）的相关规定。

3.2.5 基础平面控制网测量采用导线测量方法时，主要技术指标应符合表 3.2.5 的规定。

表 3.2.5 导线测量主要技术要求

等级	测角中误差 (″)	测距相对中误差	方位角闭合差 (″)	导线全长相对闭合差	测回数 0.5″级仪器	测回数 1″级仪器	测回数 2″级仪器
三等	1.8	1/150000	±3.6$\sqrt{n}$	1/55000	4	6	10
四等	2.5	1/100000	±5$\sqrt{n}$	1/40000	3	4	6
一级	4	1/50000	±8$\sqrt{n}$	1/20000	—	2	2

注：n 为测站测角个数。

条文说明

表 3.2.5 中的测量等级只针对普速铁路有砟隧道，新建的普速铁路隧道洞内多铺设无砟轨道，且大多情况下已有控制网，基础平面控制网应与原控制网保持一致。

3.2.6 洞内导线测量应符合表 3.2.6 的规定。

表 3.2.6 洞内导线测量等级

列车运营速度 v (km/h)	隧道长度 L (km)	测量等级	备注
120 < v ≤ 200	L > 6	三等	导线网
	2 < L ≤ 6	四等	导线网
	L ≤ 2	四等	单导线
v ≤ 120	L > 6	三等	导线网
	2 < L ≤ 6	四等	导线网
	L ≤ 2	四等	单导线

注：导线网独立闭合环的边数以 4~6 条为宜。

3.2.7 隧道洞内基础平面控制网导线测量应采用标称精度不低于（1″、2mm + 2 × $10^{-6}D$）（D 为测距边长）的全站仪施测。导线测量应符合下列规定：

　　1　观测前应将仪器开箱放置 20min 左右，保持仪器与洞内温度基本一致。
　　2　进洞联系测量应在夜晚或阴天进行，隧道洞内观测应充分通风。
　　3　仪器和棱镜面无水雾，棱镜应有适度的照明，受光均匀柔和、目标清晰，应尽量减少光源干扰。
　　4　边长观测应进行温度、气压等气象元素改正，温度读数精确至 0.2℃，气压读数精确至 0.5hPa。

3.2.8　基础平面控制网导线测量和数据处理应符合现行行业标准《铁路工程测量规范》（TB 10101）导线测量的相关规定。

3.2.9　隧道内基础平面控制网自由测站边交会外业测量和数据处理，应符合现行行业标准《铁路工程测量规范》（TB 10101）的相关规定。自由测站边角交会网平差后，其主要技术要求应满足表 3.2.9 的规定。

表 3.2.9　洞内自由测站边角交会网主要技术要求

列车运营速度 v（km/h）	测距中误差（mm）	方向观测中误差（″）	相邻点相对点位中误差（mm）
120 < v ≤ 200	≤3.5	≤2.5	≤4.0
v ≤ 120	≤5.0	≤3.5	≤5.0

3.3　基础高程控制网测量

3.3.1　基础高程控制网宜全线（段）一次布网，统一测量，整体平差。

条文说明

　　基础高程控制网在有条件情况下应该一次布网、统一测量；条件不满足时可分段布网。

3.3.2　在与其他铁路交叉或衔接处，应与其高程控制点联测，联测控制点的个数不应少于 2 个。

3.3.3　基础高程控制网测量技术要求应符合表 3.3.3 的规定。

表 3.3.3　基础高程控制网测量技术要求

水准测量等级	水准测量每千米高差偶然中误差 M_Δ（mm）	水准测量每千米高差全中误差 M_W（mm）	附合路线或环线周长的长度（km）	
			附合路线长	环线周长
三等	≤3	≤6	≤150	≤200
四等	≤5	≤10	≤80	≤100

表 3.3.3 中，M_Δ 和 M_W 应按下列公式计算：

$$M_\Delta = \sqrt{\frac{1}{4n}\left[\frac{\Delta\Delta}{L}\right]} \qquad (3.3.3\text{-}1)$$

$$M_W = \sqrt{\frac{1}{N}\left[\frac{WW}{L}\right]} \qquad (3.3.3\text{-}2)$$

式中：Δ——测段往返高差不符值（mm）；

L——测段长或环线长（km）；

n——测段数；

W——附合路线或环线高差闭合差（mm）；

N——水准路线环数。

3.3.4 基础高程控制网测量宜采用水准测量方法，水准施测困难时可采用光电测距三角高程测量方法。

3.3.5 基础高程控制网水准测量限差应符合表 3.3.5 的规定。

表 3.3.5 水准测量限差要求

水准测量等级	测段、路线往返测高差不符值（mm）	测段、路线的左右路线高差不符值（mm）	附合路线或环线高差闭合差（mm）	检测已测测段高差之差（mm）
三等	$\pm 12\sqrt{K}$	$\pm 8\sqrt{K}$	$\pm 12\sqrt{L}$	$\pm 20\sqrt{R_i}$
四等	$\pm 20\sqrt{K}$	$\pm 14\sqrt{K}$	$\pm 20\sqrt{L}$	$\pm 30\sqrt{R_i}$

注：表中 K 为测段或路线长度，单位为 km；L 为水准路线长度，单位为 km；R_i 为检测测段长度，单位为 km。

条文说明

表 3.3.5 中的测量等级只针对普速铁路有砟轨道。新建普速铁路隧道洞内多铺设无砟轨道，大多情况下已有高程控制网，可直接采用原成果。

3.3.6 基础高程控制网光电测距三角高程测量限差应符合表 3.3.6 的规定。

表 3.3.6 光电测距三角高程测量限差要求

水准测量等级	对向观测高差较差（mm）	附合路线或环线高差闭合差（mm）	检测已测测段的高差之差（mm）
三等	$\pm 25\sqrt{D}$	$\pm 12\sqrt{\sum D}$	$\pm 20\sqrt{L_i}$
四等	$\pm 40\sqrt{D}$	$\pm 20\sqrt{\sum D}$	$\pm 30\sqrt{L_i}$

注：表中 D 为测距边长，L_i 为检测已测测段长度，单位均为 km。

3.3.7 高程控制测量外业工作结束后，应进行观测数据质量检核。检核的内容包括测站数据、测段高差数据、附合路线和环线高差闭合差等。数据质量合格后，方可进行平差计算。

3.3.8 高程控制测量外业工作结束后，应以测段往返测（左、右路线）高差不符值，按本规程式（3.3.3-1）计算每千米水准测量高差偶然中误差 M_Δ。当高程控制网中的附合路线或环线≥20个时，还应根据附合或环线高差闭合差，按本规程式（3.3.3-2）计算每千米水准测量高差全中误差 M_W。

3.3.9 基础高程控制网应采用严密平差方法进行平差，并计算各点的高程中误差。

3.4 成果资料整理

3.4.1 观测和计算成果应做到记录真实、注记明确、格式统一，并装订成册归档管理。

3.4.2 原始观测记录应在现场记录清楚，不得涂改或补记。手簿应编列页码，注明观测日期、气象条件、使用的仪器类型和编号，详细记载作业过程的特殊情况，并由作业者签署。

3.4.3 各等级 GNSS 测量数据取位应符合表 3.4.3 的规定。

表 3.4.3　GNSS 测量数据取位要求

控制网等级	基线向量（mm）	点位中误差（mm）	点位坐标（mm）
三等	0.1	0.1	0.1
四等、五等	1	0.1	1

3.4.4 各等级导线测量数据取位应符合表 3.4.4 的规定。

表 3.4.4　导线平面控制测量数据取位要求

控制网等级	水平方向观测值（″）	水平距离观测值（mm）	方向改正数（″）	距离改正数（mm）	点位中误差（mm）	点位坐标（mm）
三等、四等	0.1	0.1	0.1	0.1	0.1	1
一级	1	1	1	1	1	1

3.4.5 自由测站边角交会网测量数据取位应符合表 3.4.5 的规定。

表 3.4.5　自由测站边角交会网测量数据取位要求

水平方向观测值（″）	水平距离观测值（mm）	方向改正数（″）	距离改正数（mm）	点位中误差（mm）	点位坐标（mm）
0.1	0.1	0.01	0.1	0.1	0.1

3.4.6 高程控制测量数据取位应符合表 3.4.6 的规定。

表 3.4.6 各等级高程控制测量数据取位要求

等级	往（返）测距离总和（km）	往（返）测距离中数（km）	各测站高差（mm）	往（返）测高差总和（mm）	往（返）测高差中数（mm）	高程（mm）
三等、四等	0.01	0.1	0.1	0.1	0.1	1

3.4.7 基础控制网测量完成后，应提交下列成果资料：

1 技术设计书。
2 控制网平差计算书。
3 基础控制点点之记。
4 基础平面控制网与基础高程控制网成果表。
5 基础平面控制网联测示意图。
6 水准路线联测示意图。
7 原始观测数据文件。
8 技术总结。

条文说明

基础控制网成果表应包括 WGS84 三维无约束平差大地坐标成果，该成果在数据预处理时用于 POS 轨迹线解算，因此应作为最终成果提交。

4 靶标控制网测量

4.1 一般规定

4.1.1 靶标设计应包括结构、形状的设计和材质的选择，应满足在点云中准确识别并定位靶标控制点。

4.1.2 靶标控制网平面与高程控制点宜沿线路两侧共桩布设。

4.1.3 路基段靶标控制点布设间距宜按表4.1.3的规定执行，桥梁、隧道、车站等重点工程及变坡点处宜适当加密布设。

表4.1.3 靶标控制网布设间距要求

铁路测量应用类型	点云线间距（mm）	靶标布设间距（m）
既有线测量	≤28	≤300
限界测量	≤7	≤2000
设备调查	≤111	≤2000

注：靶标控制网布设时宜优先利用既有控制点。

条文说明

根据以往铁路项目生产实践经验，采用车载移动测量技术进行既有线测量时，为满足测量成果中误差≤10mm的要求，点云线间距应≤28mm，靶标控制点布设间距应≤300m。限界测量时，重点关注其相对精度，一般情况下，点云成果相对精度较高，无须采用靶标进行纠正，考虑到GNSS信号易受山区或高大建筑物影响、隧道内无GNSS信号等因素，若不采用靶标纠正则相对精度很难满足要求，因此规定靶标布设间距≤2000m；限界测量时，为满足成果精度要求，点云线间距应≤7mm。设备调查时，重点关注设备有无明显位移，绝对位置无特定要求，因此靶标控制点布设间距≤2000m即可，点云线间距≤111mm即可。根据上述点云线间距要求即可确定载体类型和行驶车速等。

另外，靶标控制点布设间距宜根据线路具体情况进行设计，在满足上述布设间距的情况下，在隧道、桥梁、车站等特殊结构物处或地形起伏较大的地段，以及GNSS信号较弱路段应适当加密靶标控制点。

4.1.4 靶标控制网布设应遵循技术经济合理、确保质量、因地制宜的原则，并应符合下列要求：

1 对于建设期间已建有轨道控制网（CPIII）的普速铁路或高速铁路，应充分利用已有成果；在已有控制点的基础上增设或补埋控制点，以构成符合要求的靶标控制网，已有成果使用时应分析其稳定性和可靠性。

2 对于未建立 CPIII 控制网或控制网成果精度不满足要求的普速铁路，应按本规程的规定建立靶标控制网。

3 增设的靶标控制点应采用同精度内插方式完成。

4.1.5 靶标布设或安装完成后，应测量其定位点的三维坐标，路基、桥梁段靶标控制网平面控制测量可采用 GNSS 测量或导线测量方法施测，隧道段可采用导线测量方法或自由测站边角交会测量方法施测。靶标控制网高程测量可采用水准测量或光电测距三角高程测量方法施测。

4.1.6 靶标控制网平面测量应符合现行行业标准《铁路工程测量规范》（TB 10101）的相关规定，测量精度等级应符合表 4.1.6 的规定。

表 4.1.6 靶标控制网平面测量精度等级

列车运营速度 v（km/h）	测 量 方 法	测量精度等级
$120 < v \leq 200$	GNSS/导线	四等
$v \leq 120$	GNSS	五等
	导线	一级

4.1.7 靶标控制网高程测量应符合现行行业标准《铁路工程测量规范》（TB 10101）的相关规定，测量精度等级应符合表 4.1.7 的规定。

表 4.1.7 靶标控制网高程测量精度等级要求

列车运营速度 v（km/h）	测 量 方 法	测量精度等级
$160 < v \leq 200$	水准/光电测距三角高程	三等
$v \leq 160$	水准/光电测距三角高程	四等

4.1.8 靶标控制网应与基础控制点联测构成附合网，联测的基础控制点间距不应大于 4km。

4.2 靶标设计与制作

4.2.1 靶标制作应遵循能够在点云中准确识别与定位、制作简易、安装方便、可重复利用的原则。

4.2.2 靶标按照结构可分为立体靶标和平面靶标。形状宜选择球形、圆形、方形或多面体等；尺寸应根据扫描点云的密度确定，可按本规程附录 C 设计。立体靶标宜钻孔埋设安装，平面靶标应采用喷绘或粘贴方式布设。

4.2.3 平面靶标材质宜选用反射率差异大的材料，立体靶标应采用整体反射率大的材料。

条文说明

平面靶标粘贴或喷绘在地面上，应选用与地面材质反射率差异大的材料，这样中心定位点更易于识别；立体靶标由于没有背景参照，因此选用的材料整体反射率要大。

4.2.4 靶标应根据测量目的和应用需求设计，立体靶标应具有强制对中和不同靶标中心三维坐标互换误差不大于 1.5mm 等特性。

4.3 靶标布设

4.3.1 靶标控制点应布设在无地物遮挡、易于扫描、不影响行车安全、利于长期保存的位置。

4.3.2 平面靶标宜布设在轨道附近，可喷绘或粘贴于轨道板、轨枕或其他便于扫描处。

4.3.3 立体靶标控制点应充分利用沿线稳定的既有设施或构筑物，采用强制对中方式进行布设，同一条铁路应采用统一的靶标样式，可按照下列要求布设：

1 路基地段可采用钻孔方式布设在电缆桩、百米标、公里标、桥涵牌、水泥台顶面和涵洞帽石等结构物上，也可采用抱箍、钢夹或钢卡等方式布设在接触网立柱等铁路附属设施上。

2 桥梁地段可布设在桥梁固定支座端上方防护墙上，当防护墙不满足布设要求时，可参照路基区段靶标控制点布设方式。

3 隧道地段可布设在电缆槽顶面上方 30~50cm 的隧道边墙内衬上或排水沟侧墙顶面上。

4.3.4 普通连续梁、大跨连续梁和站台等特殊地段的靶标控制点布设原则如下：

1 普通连续梁地段靶标控制点应布设于连续梁固定支座端上方防护墙上。

2 大跨连续梁和特殊结构段靶标控制点布设方案应根据工程结构特点单独制订。

3 站台靶标控制点宜布设在正线两侧的站台墙侧面、接触网立柱或雨棚柱旁，埋设方式与路基地段一致，也可单独埋设在不影响行车安全的位置。

4.3.5 立体靶标控制点采用钻孔方法埋设时应满足下列要求：

1 埋设前检查拟选择构筑物的稳定性，应选择结实的构筑物进行钻孔，避免将铁路标识牌损坏，影响列车运行安全。

2 在构筑物上钻孔，孔径和孔深应确保靶标稳定。

3 埋标前应将钻孔内碎石渣清理干净，并将黏合剂塞入洞孔，黏合剂需均匀充满整个洞孔。

4 预埋件植入完毕后，应检查埋设质量是否合格。

5 埋设完成后及时喷绘点号，点号喷绘应清晰，便于内外业准确识别。

6 对埋设过程、周围环境等关键点应进行照相，并在现场填写点之记，作为质量检查的重要依据留存并上交。

4.4 靶标测量

4.4.1 靶标控制网平面测量采用 GNSS 方法施测时，外业观测、基线向量解算、网平差及坐标转换等工作应符合现行行业标准《铁路工程测量规范》（TB 10101）的相关规定。

4.4.2 靶标控制网 GNSS 测量成果约束平差前各约束点间的相对精度及约束平差后最弱边边长相对中误差、基线边方位角中误差应满足本规程表 3.2.3 相应等级的规定。

4.4.3 隧道段靶标控制网平面测量应满足下列要求：

1 靶标控制网平面测量采用导线方法施测时，应满足本规程表 3.2.5 的技术要求。导线数据处理等应符合现行行业标准《铁路工程测量规范》（TB 10101）相应等级的规定。

2 采用自由测站边角交会网方式观测时，应按本规程附录 D 的网形构网观测。

3 使用的全站仪应具备自动目标搜索、自动照准、自动观测和数据自动记录功能，标称精度应不低于现行《铁路工程测量规范》（TB 10101）相应等级的规定。

4 观测条件应符合本规程 3.2.7 条的要求。

4.4.4 隧道洞内靶标控制网采用自由测站边角交会网方式时，应按全圆方向距离观测法自动观测方向和距离，并满足下列规定：

1 隧道洞内自由测站边角交会网水平方向观测，应满足表 4.4.4-1 的规定。

表 4.4.4-1 洞内自由测站边角交会网水平方向观测技术要求

仪器等级	测回数	半测回归零差（"）	一测回内各方向 2C 互差（"）	测回间同一方向归零后方向值较差（"）
0.5"	3	4	8	4
1.0"	4	6	9	6

2 隧道洞内自由测站边角交会网距离测量，应满足表 4.4.4-2 的规定。

表 4.4.4-2 洞内自由测站边角交会网距离观测技术要求

测 回 数	半测回间距离较差（mm）	测回间距离较差（mm）
≥3	≤2	≤2

注：距离测量一测回是全站仪盘左、盘右各测量一次的过程。

4.4.5 隧道洞内自由测站边角交会网应附合在隧道进、出口的基础平面控制点上，方位角闭合差应满足表 4.4.5 的规定。

表 4.4.5 洞内自由测站边角交会网方位角闭合差限差

列车运营速度 v（km/h）	方位角闭合差限差（″）
120＜v≤200	≤5.0 $\sqrt{n}$
v≤120	≤7.0 $\sqrt{n}$

注：n 为测站数。

4.4.6 洞内自由测站边角交会网平差应满足下列规定：
1 自由网平差后应满足表 4.4.6-1 的规定。

表 4.4.6-1 洞内自由测站边角交会网无约束平差技术要求

方向改正数（″）	距离改正数（mm）
≤3	≤4

2 约束网平差后应满足表 4.4.6-2 的规定。

表 4.4.6-2 洞内自由测站边角交会网约束平差技术要求

列车运营速度 v（km/h）	自由测站与已知点联测边		自由测站与靶标点联测边	
	方向改正数（″）	距离改正数（mm）	方向改正数（″）	距离改正数（mm）
120＜v≤200	≤5	≤8	≤4	≤5
v≤120	≤7	≤10	≤5	≤8

4.4.7 洞内自由测站边角交会网平差后，其测距中误差、方向观测中误差和相邻点相对点位中误差，应满足表 4.4.7 的规定。

表 4.4.7 洞内自由测站边角交会网主要技术要求

列车运营速度 v（km/h）	测距中误差（mm）	方向观测中误差（″）	相邻点相对点位中误差（mm）
120＜v≤200	≤3.5	≤2.5	≤4.0
v≤120	≤5.0	≤3.5	≤5.0

4.4.8 坐标换带处靶标平面控制网计算时，应分别采用相邻两个投影带的基础平面控制点坐标进行约束平差，并分别提交相邻投影带两套靶标控制网的坐标成果，提供两

套坐标的靶标控制点应不少于2对。

4.4.9 靶标控制网高程测量的技术要求应符合本规程表3.3.3的规定，采用水准测量方法时，限差要求应符合本规程表3.3.5的规定。采用光电测距三角高程测量方法时，限差要求应符合本规程表3.3.6的规定。

4.4.10 靶标控制网高程测量外业观测和数据处理应符合现行行业标准《铁路工程测量规范》（TB 10101）的规定。

4.4.11 采用中间设站光电测距三角高程测量方法联测靶标控制点与基础高程控制点时，棱镜连接件应采用精加工的长度误差不大于1.5mm的等长棱镜杆。

4.4.12 中间设站光电测距三角高程测量外业观测应符合表4.4.12的规定。

表4.4.12 中间设站光电测距三角高程测量外业观测技术要求

等 级	测 回 数	垂直角测量		距离测量	
		指标差较差（″）	测回间较差（″）	测回内较差（mm）	测回间较差（mm）
三等	2	5	5	3	3
四等	2	7	7	3	3

4.4.13 中间设站光电测距三角高程测量应进行两组独立观测，两组观测高差较差应符合表4.4.13的规定，合格后取两组高差平均值作为传递高差。

表4.4.13 中间设站光电测距三角高程测量组间高差较差要求

等 级	独 立 组 数	组间高差较差（mm）
三等	2	3
四等	2	4

4.4.14 靶标控制网高程测量外业工作结束后，应进行观测数据质量检核，数据质量合格后，选取稳定的基础高程控制点作为起算点进行严密平差计算。

4.4.15 靶标控制网高程控制测量结束后，应按本规程第3.3.8条的要求计算水准测量每千米高差偶然中误差 M_Δ 和全中误差 M_W，计算结果应满足表3.3.3相应等级的规定。

4.4.16 靶标控制网测量成果应按本规程第3.4节的相关要求整理提交。

5 数据采集

5.1 一般规定

5.1.1 车载移动测量激光点云数据精度按表 5.1.1 划分为四级，车载移动全景影像拼接精度应不大于 5 像素。

表 5.1.1 车载移动测量激光点云数据精度等级及要求

数据类型		相对精度	点位绝对精度（m）	高程绝对精度（m）
车载激光点云	Ⅰ级	0.002	0.01	0.01
	Ⅱ级	0.005	0.02	0.02
	Ⅲ级	0.020	0.05	0.05
	Ⅳ级	0.030	0.20	0.10

注：Ⅰ级为距离激光发射源 20m 内标准差满足精度要求；Ⅱ级为距离激光发射源 30m 内标准差满足精度要求；Ⅲ级为距离激光发射源 50m 内标准差满足精度要求；Ⅳ级为距离激光发射源 100m 内标准差满足精度要求。

条文说明

表 5.1.1 中规定了铁路车载移动测量激光点云数据精度等级和要求，主要是参考现行行业标准《车载移动测量技术规程》（CH/T 6004）和《车载移动测量数据规范》（CH/T 6003），但是提高了点云等级的相对精度、点位绝对精度和高程绝对精度数值，主要是考虑到铁路行业应用精度要求高，而且三维激光扫描仪、惯导设备的技术不断在进步，移动测量技术整体方案不断优化，精度相比以前有了很大的提升。

5.1.2 铁路移动测量系统载体平台根据作业精度等级确定，宜符合表 5.1.2 的规定。

表 5.1.2 车载移动载体平台

作业精度等级	平台类型	点云线间距（mm）
Ⅰ级	轨道小车	≤7
Ⅱ级	轨道小车/轨道电动车	≤28
Ⅲ级、Ⅳ级	轨道平板车/轨道机车	≤111

注：表中的点云线间距数值是以单头扫描仪，线频率为 200Hz 计算。

条文说明

铁路车载移动测量载体平台是以轨道车辆为主，一般常见的有轨道小车、轨道电动车、轨道平板车和轨道机车,每种载体平台的运行速度各不相同:轨道小车速度一般≤5km/h、轨道电动车速度≤20km/h、轨道平板车和轨道机车速度≤60km/h,表5.1.2中推荐了适宜的作业精度等级,并非强制要求,例如轨道小车也可用来做Ⅱ、Ⅲ、Ⅳ级的点云,只是效率低。载体平台的速度还会影响点云线间距,具体可按照5.1.8条中的公式进行计算,表格中仅以单激光头,线频率为200Hz计算线间距。

5.1.3 车载移动测量宜选用带强度信息的激光扫描仪,主要性能指标宜符合表5.1.3的规定。

表5.1.3 激光扫描仪性能要求

激光扫描仪指标	Ⅰ级	Ⅱ级	Ⅲ级	Ⅳ级
测量距离(反射率ρ为20%,m)	25	50	100	200
测距精度(30m以内标准差,mm)	1.5	4	20	40
角分辨率(°)	0.001	0.005	0.01	0.05
线频率(Hz)	200	200	100	50
激光发射频率(kHz)	1000	500	300	100
时间同步精度(ms)	≤0.01	≤0.01	≤0.1	≤0.1

5.1.4 车载移动测量定位测姿系统性能参数宜符合表5.1.4的规定。

表5.1.4 定位测姿系统性能要求

准确度等级	Ⅰ级	Ⅱ级	Ⅲ级	Ⅳ级
航向精度(°)	≤0.01	≤0.02	≤0.1	≤0.2
水平姿态(横滚、俯仰)精度(°)	≤0.005	≤0.01	≤0.05	≤0.1
后处理定位精度(GNSS信号正常,共视卫星数不少于5颗,PDOP值不大于3)	卫星失锁持续性时间不大于1min所保持的精度:水平0.02m,高程0.05m	卫星失锁持续性时间不大于1min所保持的精度:水平0.05m,高程0.1m	卫星失锁持续时间不大于10s所保持的精度:水平0.05m,高程0.1m	
时间同步精度(ms)	≤1	≤10	≤100	
数据频率(Hz)	≥200	≥200	≥100	
里程计最小分辨率(m)	≤0.001	≤0.005	≤0.05	

5.1.5 铁路车载移动数字相机数据内容应包括影像、时间和位置信息,数字相机宜符合下列规定:

1 分辨率不低于2000万像素。
2 数字相机应具备外部触发、异步复位功能,触发同步误差不大于0.01ms。
3 数字相机连续采集频率不应小于2帧/s。

5.1.6 铁路车载移动测量控制系统宜符合下列规定：

1 可实时监测各传感器的工作状态，在各传感器设备发生故障时发出声、光报警。

2 时间同步误差不大于0.01ms。

3 可连续存储数据时间不宜小于40h。

4 车辆供电时连续工作时间不宜小于4h，车辆不供电时连续作业时间不宜小于天窗时间。

条文说明

天窗时间是在铁路列车运行图中不铺画列车运行线或调整、抽减列车运行，为施工和维修作业预留的时间。一般运营线作业都是在天窗时间内，因此规定车载移动测量系统在不供电情况下作业时间要大于天窗时间。

5.1.7 在移动平台上安装车载移动测量系统设备应安全稳固，不得侵入铁路限界，不得影响铁路线路、轨道电路及附属设备安全。

5.1.8 扫描作业时，根据设计点云线间距和扫描仪参数按下式计算车载移动平台行驶速度：

单激光头：

$$D = \frac{v}{f} \tag{5.1.8-1}$$

双激光头：

$$D = \frac{v}{2f\cos\frac{\theta}{2}}\sin\theta \tag{5.1.8-2}$$

式中：D——点云线间距（m）；

v——行车速度（m/s）；

f——扫描频率（Hz）；

θ——双激光头夹角（°）。

条文说明

点云间距可分为点间距和线间距，如图5-1、图5-2所示。点云点间距与扫描仪发射频率和地物离扫描仪的远近有关；点云线间距与扫描仪的线频率和载体移动速度有关。以Z+F 9012单激光头扫描仪为例，发射频率为1000kHz，每秒钟可发射100万个点，扫描仪正下方的点云点间距为2~3mm；线频率最高为200Hz，假设载体运行速度为36km/h，即10m/s，扫描仪1s可扫描200条线，点云线间距=10/200=0.05m，即5cm，简化换算后的公式如式（5.1.8-1）所示。

由于双激光头的安装角不同，夹角有呈90°的，也有120°的，利用菱形和三角函数的相关定理，可推算出点云线间距的计算公式为式（5.1.8-2）。

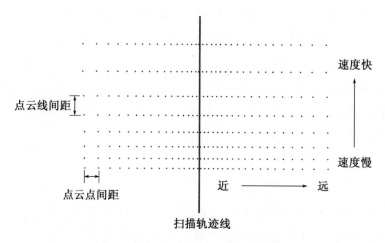

图 5-1 单激光头扫描仪点云间距示意图

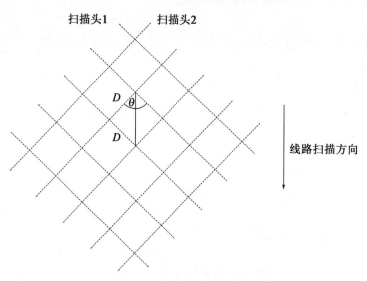

图 5-2 双激光头扫描仪点云间距示意图

5.1.9 外业数据采集前，对车载移动测量系统进行检校，检校结果应满足标称精度。

条文说明

　　考虑到设备安全，通常移动测量系统会拆分成部件运输，作业时会重新组装，这样会导致原先标定的系统参数和设备安装杆臂值失效。每次作业前需要进行检校，通常系统标定会选择试验场地进行往返扫描，或通过布设有控制点的场地进行校准。设备的杆臂值可采用全站仪或其他手段测量惯导中心、GNSS天线中心和编码器中心坐标，计算其相对位置关系。检校结果满足设备标称精度要求后，可开始进行采集作业。有些移动测量系统集成度较高，GNSS天线、惯导位置已经固定，因此无须每次作业前都进行校正，可间隔一段时间检校一次，来验证原有参数有效性。

5.1.10 外业数据采集后，应对采集原始数据完整性、有效性等进行质量检查，并进行数据备份和必要的保密处理。

5.2 设备安装

5.2.1 铁路车载移动测量系统可搭载在多种轨道平台上进行作业，设备安装应符合下列基本要求：
1. GNSS 天线安装应避免卫星信号遮挡。
2. 三维激光扫描仪安装应避免车体结构遮挡扫描视场角。
3. 惯导宜安装在具有减震装置的平台上。
4. 相机安装应避免视角遮挡。
5. 里程计安装应稳固，并精确测量车轮周长。

条文说明

惯导宜安装在具有减震装置的平台上，目的是避免载体平台颠簸引起惯导震动，影响惯导测量精度。需要说明的是，有些惯导设备内部有减震装置，如果在安装平台上再加装减震装置，两者频率一致时，会引起惯导共振，反而降低惯导性能；若没有，则应在平台上安装减震装置。

5.2.2 立体靶标安装时其定位点应面向扫描仪，且固定牢靠、无遮挡。

条文说明

三维激光扫描仪安装在载体平台头部或尾部以及扫描上下行时，扫描的方向都不一样，应确保立体靶标安装时要始终面向扫描仪，且固定牢靠，不能受风或其他因素影响改变朝向。

5.3 基站架设

5.3.1 GNSS 基站应架设在已知平高基础控制点上，基站控制半径不宜大于 10km；当作业区间小于 20km 时，可在区间线路中段附近架设单基站；当作业区间距离大于 20km 时，应架设多基站。

条文说明

移动测量系统绝对定位原理是 GNSS 动态测量后处理差分技术（PPK），作业时在地面已知点上架设基站接收机，与车载移动 GNSS 接收机同时对卫星进行观测，事后进行联合处理解算，得到移动站的轨迹坐标。卫星定位测量的精度会受到电离层和对流层误差影响，基站和移动站距离越近，差分处理时，误差消除得越彻底，因此基站控制范围不宜过长。

5.3.2 地面基站位置选址应符合下列规定：

1 点位应适合安置接收机设备和便于操作。点位周围应视野开阔、对天空通视情况良好，视场内障碍物的高度角不宜大于15°。

2 点位至电视塔、微波站等大功率无线电发射台的距离不宜小于200m，至高压输电线的距离不宜小于50m。

3 点位的基础应坚实稳定。

4 点位周边应交通方便，易于到达。

5.3.3 地面基站选用的GNSS接收机应与车载GNSS接收机性能相匹配，宜为多星双频接收机，采样间隔应不大于1s，具有良好的抗干扰能力，电源续航能力宜大于10h。

条文说明

地面基站GNSS接收机宜采用多星座双频接收机，是因为POS轨迹线解算时，卫星信号的观测质量对解算精度影响较大，实际作业时应尽可能选用多星座（GPS/GLONESS/BDS）接收机提高卫星观测数量。

5.3.4 基站架设采用三脚架和对中误差优于1mm的光学对中器，作业前应对光学对中器检验校正。

5.3.5 地面基站GNSS观测要求应符合表5.3.5的要求。

表5.3.5 地面基站GNSS观测技术要求

卫星截止高度角（°）	15
同时观测有效卫星数（颗）	≥4
有效观测卫星总数（颗）	≥6
位置精度因子（PDOP）	<6.0
观测时段长度	覆盖外业数据采集时间
采样间隔（s）	≤1

5.4 数据采集

5.4.1 数据采集前应根据项目用途确定点云精度等级，点云精度等级的选择宜符合表5.4.1的规定。

表5.4.1 不同铁路应用类型对应的点云精度等级要求

应用类型	点云精度等级
限界测量	Ⅰ级或Ⅱ级
既有线复测	Ⅰ级或Ⅱ级

表 5.4.1（续）

应 用 类 型	点云精度等级
线路设备调查	Ⅰ级、Ⅱ级或Ⅲ级
地形图测绘	Ⅳ级

条文说明

表中限界测量采用的点云精度等级为Ⅰ级或Ⅱ级，主要是指点云相对精度达到Ⅰ级或Ⅱ级，对点云绝对精度不做强制要求。

5.4.2 采集作业前应检查设备安装、线缆连接、设备存储空间、采集软件状态，一切正常后方可作业。

5.4.3 数据采集时，基站观测数据要完全覆盖采集时间，地面基站应提前半小时开机观测，结束后延迟半小时关机。

5.4.4 基站观测期间应防止震动，作业期间不应改变基站天线的位置和高度。

5.4.5 每次作业开始前、结束后应采用静止方式进行惯性测量装置和扫描仪初始化，时间不宜少于5min，初始化地点应选在空旷、无遮挡、无强反射物、无高压线、通信塔等电磁干扰处，宜避开水域和桥梁。

条文说明

本条规定惯导采用静止方式初始化，是因为早期惯导的初始化多采用绕"8"字，但是在铁路上作业，并不具备绕"8"字的条件。随着技术的进步，新型惯导具备自寻北功能，采用静止方式就可以完成初始化。

5.4.6 在作业开始前要进行GNSS信号测试，初始化应满足GNSS信号正常、有效卫星数不少于6颗、PDOP值小于6的条件。

5.4.7 数据采集时，沿扫描方向点云宜密度均匀，载体宜匀速前进，避免倒退。

5.4.8 采集车站数据时，站台、停靠列车遮挡严重区域可更换线路进行多次采集。

5.4.9 三维激光扫描用于既有线测量时，上下行线路应分开采集。

5.4.10 相邻作业区间采集数据应有重叠，重叠区域宜覆盖2个及以上靶标控制点。

5.4.11 采集完成后进行数据检查，检查内容应包括：

1 检查 GNSS 基站观测时间是否完全覆盖移动测量设备数据采集作业时间，基站采样频率、基站仪器量高是否正常。

2 检查惯导数据是否存在掉帧，时间同步是否正常，静止时间是否足够。

3 检查原始激光扫描数据量大小是否正常。

4 检查影像采样间隔是否均匀，有无丢失或重复，影像是否存在过度曝光、曝光不足、污点、光晕、模糊等情况。

6 数据预处理

6.1 一般规定

6.1.1 车载移动测量数据预处理内容应包括：
1 联合 GNSS、IMU 和里程计数据的 POS 定位测姿数据融合处理。
2 POS 数据联合扫描数据和靶标控制点成果的点云融合解算及点云精度增强。
3 影像拼接处理及全景影像位置姿态解算。

条文说明

车载移动测量数据预处理主要是进行 POS 轨迹线解算、点云数据融合、点云精度增强和全景影像拼接处理。POS 轨迹线解算是将基站 GNSS 数据、车载移动测量 GNSS 数据、惯导数据和里程计数据进行组合解算，输出车载移动测量的轨迹线文件。点云融合是利用 POS 轨迹线文件和原始扫描数据，解算输出点云数据。点云质量增强是利用靶标控制点对 POS 轨迹线进行平面和高程纠正，提高定位精度，进而提高融合后的点云精度。全景影像拼接处理是将多个相机拍摄的影像拼接成一张全景照，并赋予位置姿态信息，以便和点云数据位置相对应。

6.1.2 数据预处理宜根据作业区段长度、硬件情况、处理效率等分段处理。

条文说明

车载移动测量获取的数据量大，处理耗时，对硬件性能要求高。根据以往生产经验，进行分段处理效率较高，建议分段长度以不超过 20km 为宜。

6.2 数据融合

6.2.1 POS 定位测姿数据融合处理应满足下列要求：
1 选取距测区最近的 GNSS 基站数据进行解算，或采用多 GNSS 基站数据联合解算。
2 根据卫星信号情况，选择松耦合或紧耦合处理方法。
3 在 GNSS 卫星信号差或隧道内信号长期失锁的情况下，里程计数据应参与 POS

数据融合解算。

  4 应输出时间、位置、姿态、定位测姿精度、初始化参数等信息。

6.2.2 全景影像数据融合处理应满足下列规定：
  1 同一位置不同视角的多张影像拼接为全景影像时，拼接处错位不应大于 5 像素，水平视场角应为 360°，垂直视场角大于 90°。
  2 处理后的全景影像应包含坐标、时间和姿态信息。
  3 宜根据工程需要进行影像增强、匀光等处理。
  4 根据相关规定进行保密处理。

6.3 点云数据处理

6.3.1 采用靶标控制点对 POS 轨迹线进行纠正时，应从激光点云中准确提取靶标中心点，利用靶标点的两套坐标成果对 POS 轨迹线进行平面、高程纠正。

6.3.2 POS 轨迹线纠正时，不同作业区段的重叠区域宜共用至少两个靶标控制点，重叠区域点云平面和高程较差宜小于 1cm。

条文说明

  铁路线路较长，车载移动扫描时一般按照区间分多个工程进行作业，相邻区间工程数据会涉及接边问题，通常进行 POS 轨迹线纠正时，重叠区域宜共用至少两个靶标控制点，以保证 POS 轨迹线衔接处的平面和方位正确。根据生产经验，融合后点云在接边处平面和高程较差宜小于 1cm。

6.3.3 利用纠正后 POS 轨迹线重新融合处理，处理后的激光点云成果应包含绝对坐标和时间信息等，并输出精度报告。

6.3.4 将点云成果从 WGS84 坐标系转换到工程独立坐标系时，应采用七参数进行转换。

条文说明

  POS 轨迹线解算、点云融合纠正都是在 WGS84 坐标系下进行，融合解算后的点云高程基准是大地高，而铁路工程坐标系都是采用水准高，需利用 7 参数进行转换。一般 7 参数可采用基础控制网或靶标控制网的两套成果进行计算，距离较长时，应分段计算，各分段之间要有公共控制点。

6.3.5 点云数据处理完成后，宜对三维激光点云进行噪声处理。

6.4 数据预处理质量检查

6.4.1 POS 定位测姿数据处理质量检查应包括下列内容：
1 惯导初始化精度。
2 POS 轨迹线解算质量因子。
3 位置和高程精度。

6.4.2 激光点云数据处理质量检查应包括下列内容：
1 点云平面和高程精度。
2 点云分段衔接处误差。
3 点云坐标转换精度相关指标。

6.4.3 数字影像预处理质量检查应包括下列内容：
1 全景影像融合拼接误差。
2 全景影像的坐标、时间、姿态等信息完整性。

7 线路测量数据处理

7.1 一般规定

7.1.1 线路测量应包括里程测量、中线测量、高程测量、线路及站场横断面测量、地形测量、三维实景建模、线路复测诸表编制等内容。

条文说明

线路测量是基于扫描激光点云及影像数据采用自动或交互方式对既有铁路的线路、站场的横、纵断面及构筑物、设备的空间位置进行调查和测量。

7.1.2 线路测量应利用扫描激光点云，按给定间距自动或交互式提取左右轨面中心点，计算三维线路中线后进行线路测量。

条文说明

基于点云的线路测量基准线为轨道中心线，通过算法匹配钢轨点云和标准钢轨模型（50轨或60轨），按照给定间距自动或交互式提取左、右轨面中心点，简称测点。根据左右轨面测点的三维坐标结合直线、曲线（是否有加宽、是否有超高）区段分别计算得到轨道三维中线坐标。测点间距越小，提取的中线越准确，后续的里程测量、中线测量等内容都是基于提取的三维中线进行的。

7.1.3 车载移动扫描测量的盲区应结合收集的各种测量成果数据，采用其他手段进行外业补测或实测。

7.2 里程数据处理

7.2.1 里程推算应从扫描激光点云上采用自动或交互方式按一定间距提取左右轨面中心点，计算三维线路中线，平面投影后进行。

条文说明

里程测量一般在平面上进行，因此需将计算获取的三维线路中线进行平面投影，再根据指定的起点里程沿二维线路中线进行里程推算。

7.2.2 里程推算应从车站、桥梁中心或隧道进出口及其他永久性建筑物中心的既有里程引出，按列车运行监控记录装置（LKJ）方向连续推算。

7.2.3 单线铁路除特殊规定外均应消除断链，使里程连续贯通。如有断链应设在局管界终点处。

7.2.4 复线里程推算应符合下列规定：
1 复线铁路里程应沿 LKJ 方向推算。
2 复线铁路里程在设置断链时，只设置短链，不设置长链。
3 线间距大于 6m 或轨面高差大于 0.3m 的绕行段、并行不等高或任一线为曲线或同为曲线的非并行段应单独推算。在绕行或曲线测量终点的直线上取投影断链。
4 遇连续曲线且夹直线长小于 200m 时，可多个曲线连续计算，在最后一个曲线测量终点的并行直线上取投影断链，但应在进入车站前完成断链设置。
5 投影断链在推算过程中宜设在整百米处，特殊情况下可设在整十米处，不应设在车站、桥梁、隧道、涵洞等构筑物或道岔及曲线范围内。

条文说明

我国运营铁路的里程方向应与路局 LKJ 方向保持一致，不硬性规定沿左线或右线进行推算。根据原中国铁路总公司《铁路线路里程断链设置和管理规定》（TG/GW 251—2014），一般情况下只出短链，不出长链。

7.2.5 车站内里程应根据正线轨道点云进行提取。当车站设鸳鸯股道时，应从车站中心垂直转至另一股道连续推算里程。当车站在曲线上时，应改在直线上换股。可按图 7.2.5 执行。

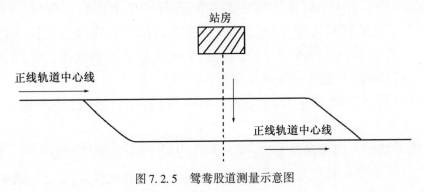

图 7.2.5 鸳鸯股道测量示意图

7.2.6 站线、联络线、支线、安全线、段管线及专用线的里程推算，应符合下列要求：

1 正线里程推算应贯穿至站外，与正线行车有关的设备，如信号机、道岔、警冲标、旅客站台、车站中心、天桥、地道、平交道等均应投影至正线中线上进行里程推算。

2 正线左线为直线时，平行于此线的其他站线，均可采用正线垂直投影的方法或分段分区投影的方法进行里程推算。

3 复线铁路左线或单线铁路正线为曲线时，不能作为投影的基线。凡不能以投影方法进行里程推算的股道，应单独进行里程推算。

4 凡与正线前进方向近似一致的股道，按正线里程在分岔处的里程延伸，单独推算。凡与正线前进方向相反或近似垂直的股道，自分岔处起，以 K0+000 起算。

7.2.7 里程数据处理应提取公里标、半公里标及其他所需设备的里程和坐标信息。

条文说明

对任务范围内的线路里程应连续贯通，提取公里标、半公里标及其他所需设备的里程及坐标信息，以示线路起点距本标的距离，并表示铁路建筑物及设备的位置，以便对线路平面、横断面、纵断面、车站及有关设备等进行测量和调绘。

7.2.8 点云中进行里程提取的位置应符合下列规定：

1 大中桥的台前、胸墙、桥中、胸墙、台尾；20m 以下小桥台前、桥中、台尾。

2 涵渠、渡槽、水管、虹吸管、明渠的里程定位点在轴线与复线铁路左线或单线正线轨道中线的交叉处。以点云上两端出口中点连线与中线交点定位，不得以单侧帽石或标石的投影里程代替。点云上不能判别的涵渠应依据外业实测的出口进行定位。

3 隧道进口、出口以两边墙连线与线路中线交点定位。倾斜洞门以墙基连线与线路中线交点定位。

4 不论正交、斜交的立体交叉，均以其中部与线路中线交点定位。

5 道口过宽时，应分别提取两侧里程，计算中心里程。

6 三等、四等车站中心以运转室中心为准进行投影定位，二等以上车站由铁路局确定具体位置。工区只提取线路工区，电气化铁路可增加综合维修工区或接触网运行工区，工区以其办公室中心进行投影定位。无站房的线路所、辅助所、乘降所中心以两站台端或信号机里程取中，或参考两侧停车位置确定。

7 信号机以其灯柱或基座中心为准。如果与相应的绝缘接头相差在 0.2m 以内，均应推算绝缘接头里程。

8 新型轨下基础、路基防护、支挡工程等的起、终点和中间变化点，地形变化处、路堤和路堑变坡的最高和最低处、路堤路堑交界处，路基宽度变化处、路基病害等地段均应进行里程推算。

9 跨越铁路的各种电线均应推算里程，并行段或跨越整个站场的电线，只提取左线里程，绕行段单独推算。车站、场内各站线间的跨路电线不进行里程推算。

10 其他里程提取的位置包括但不限于坡度标、车站站界标、固定桩、信号机、警冲标、灯桥、固定脱轨器、客货站台、雨棚、车挡等及电气化铁路上要求提取里程的特殊设备。

11 路局分界、工务段分界应进行里程推算。

条文说明

鉴于站内、场内的道岔、信号机、警冲标、货物站台、管线、涵渠等很多设备与正线无关，无法全部采用正线投影进行里程测量，有的距离较远无法通视，易造成混乱，因此这些设备只在本道计算时进行里程推算。

所有在铁路上方横跨通过的结构建筑物和铁路下方通过的交通道路均为立体交叉。

7.2.9 里程推算结果应与原有里程核对，编制新旧里程对照表。

条文说明

既有铁路由于长期运营的影响，某些段落可能做了局部改线，而里程没有进行全线贯通里程测量，仅用断链表示里程关系。里程进行贯通测量后，若贯通里程超过既有里程允许误差时，则应改变既有里程。为便于与原有里程对应，因此需编制新旧里程对照表。

7.3 中线数据处理

7.3.1 线路中线数据处理包括平面和高程数据处理，平面中误差应为10mm，高程中误差应为10mm。

条文说明

由于三维点云同时具有平面和高程信息，因此基于车载三维激光点云进行的线路中线测量不同于传统仅测量平面的中线测量，中线的平面和高程测量可一并进行。

7.3.2 轨面中心点宜采用5m间距从左右轨道点云数据中进行自动提取，双线区段宜分别提取。有遗漏或错误的部分应进行人工提取。

条文说明

由于轨面中心点采用软件从轨道点云中自动提取，因此点间距可根据实际需求选定。一般工程中采用5m间距进行轨面中心点的提取即能满足曲线整正计算的精度要求。测点间距越小，提取测点数量越多，计算量越大。因此，在满足精度要求的前提下，宜尽可能地减少提取轨面点数量。在精度要求非常高的情况下，可对直线和曲线区段采用不同的测点间距分别提取测点坐标，依据具体情况缩小曲线区段或扩大直线区段的测点间距。

7.3.3 中线数据处理前应对提取的左右轨面中心点坐标按照下列要求进行粗差检核：
1 直线段宜计算轨道水平及轨距偏差。
2 曲线段高程宜通过计算同一轨道连续里程轨面中心点的高程差值，依据对应里程位置线路纵坡进行判断。

条文说明

完成测点坐标提取之后需进行粗差检核，其中在直线路段可通过计算轨道水平和轨距偏差进行检核，曲线路段平面坐标由于曲线加宽的影响，较难检核，可采用后续曲线整正计算获得的拨道量值进行检核。高程方向由于曲线超高的影响，不能采用水平检核，宜采用沿同一轨道前后的测点高程进行检核。根据普速铁路区间线路最大限制坡度表（表7-1），区间线路最大坡度为6‰，因此沿同一轨道前后相隔5m的轨面点高差不应大于0.03m。当差值大于0.03m时，需返回点云中检查是否存在提取错误，分析原因。特别困难地段，最大坡度可放宽至30‰。

表7-1 铁路区间线路最大限制坡度（‰）

铁路等级		I		II	
		一般	困难	一般	困难
牵引种类	电力	6.0	15.0	6.0	20.0
	内燃	6.0	12.0	6.0	15.0

7.3.4 直线段中线平面坐标采用提取的左右轨面中心点平面坐标的平均值，高程提取左轨轨面高程。

7.3.5 曲线段中线坐标提取应符合下列要求：
1 中线高程值采用提取的内轨轨面中心点高程值。
2 不存在曲线加宽时，平面坐标为提取的左右轨面中心点平面坐标的取中值。
3 存在曲线加宽时，平面坐标采用外轨轨面中心点坐标减去轨距和轨面宽的一半。

条文说明

参考原中国铁路总公司《铁路技术管理规定（普速铁路部分）》，轨距是钢轨头部踏面下16mm范围内两股钢轨工作边之间的最小距离。其中直线轨距标准为1435mm，曲线轨距按表7-2规定加宽。从表中可知，当曲线半径大于或等于295m时，曲线不存在轨距加宽，中线平面坐标仍可采用左右轨面中心点的平均值进行计算。

表 7-2 曲线轨距加宽值

曲线半径 R (m)	加宽值（mm）
R≥295	0
245≤R<295	5
95≤R<245	10
R<195	15

7.3.6 曲线计算应包括以下内容：

1 曲线直缓、缓圆、圆缓、缓直点的坐标及里程。

2 曲线偏角、半径、缓和曲线长、切线长、曲线长、夹直线长、折角、线路交点坐标及里程。

3 拨道量及其方向，起、落道量，坡度等。

7.3.7 曲线平面和纵断面整正计算以起、拨道量最小为原则，应满足式（7.3.7）的要求。且内拨、外拨应均匀分布，曲线起终点宜为零。靠近直缓点、缓直点的拨道量不得突变或过大。

$$\sum |\Delta_i| = \min \tag{7.3.7}$$

式中：Δ_i——整正拨距（mm）。

7.3.8 线路平面整正计算应符合下列规定：

1 曲线平面计算的原始数据应整理为中线里程、中线东坐标、中线北坐标的格式。需要时可在直路基、曲路基、直桥梁、曲桥梁、直隧道、曲隧道、站台等处增加中线测点属性，作为曲线整正的分段依据及参照。

2 当线路具有多个坐标分带时，应分带进行拟合。

3 既有线长直线地段产生的小偏角符合表 7.3.8-1 的规定时可视为直线。

表 7.3.8-1 直线地段允许的小偏角

设计行车速度（km/h）	允许小偏角
≤160	一般 5′~6′，最大不超过 12′

4 当长直线产生的小偏角大于表 7.3.8-1 的值时，在满足平顺性及横向偏差限制值、建筑限界要求的前提下，宜分拆为折线进行处理。分拆折线时应兼顾与偏角台账信息保持一致和折线长度不宜小于 300m 等因素。

5 曲线计算时曲线半径及缓和曲线长度应首先采用台账数据进行计算，当计算的拨道量过大时，调整曲线半径及缓和曲线长，调整值应符合原中国铁路总公司《铁路技术管理规程》的规定，取整应符合表 7.3.8-2 的规定。

表 7.3.8-2 曲线计算取整要求

曲线总偏角（°）	>20	12~20	4~12	<4
曲线半径取整（m）	±1	±5	±10	±20

注：缓和曲线长度宜取 10m 的倍数，不宜设置不等长缓和曲线。

6 任何曲线不允许侵入道岔，曲线两端至道岔的最小距离应不小于 5m。

7 曲线计算拨道量不得影响限界、线间距，最大移动量不得大于 $\pm 100\sqrt{L}$ mm，L 为曲线长度，以百米为单位。站台、隧道内、桥梁、道口上拨道量不宜大于 50mm。

8 依据线路等级及设计行车速度计算的曲线半径、圆曲线长度、夹直线长度等曲线参数，应符合现行相应等级铁路设计规范的规定。

9 平面拟合完成后，应进行限界和桥梁偏心检查，双线铁路应进行线间距检查，并考虑曲线的内轨加宽值。

条文说明

曲线平面拟合时可按一定间距增加部分隧道壁点、桥台点、站台点等作为限界检查的检核点，在平面拟合时不参与曲线整正计算，仅作为整正结果中相应限界的检核点。

7.3.9 纵断面整正拟合计算原始数据应包括中桩里程和中桩高程；整正计算完成的平面线形；道岔、桥梁、涵渠、隧道、车站、水准点、道口、工区、信号机、立交等线路设备里程。

7.3.10 纵断面整正拟合计算应符合下列要求：

1 首先采用台账上的线路设计要素进行计算，当起道量过大时，调整拟合参数。

2 整正拟合计算的最小坡段长、相邻坡段最大坡度差、竖曲线设置条件、竖曲线半径、最小竖曲线长等参数应符合现行相应等级铁路设计规范的规定。

3 变坡点不应与缓和曲线、道岔重叠设置。竖曲线不应与竖曲线、缓和曲线重叠设置，不得侵入道岔、钢轨伸缩调节器、明桥面。

4 进行纵断面线形拟合时不宜增减设计坡段数，改变变坡点里程、高程及竖曲线半径，可增减变坡点和竖曲线进行拟合，直到线路总起道量最小。

5 应根据道砟厚度情况，合理控制线路落道量。

7.4 高程数据处理

7.4.1 高程测量内容应包括站内设备和路肩高程测量，测量中误差为 10mm。

7.4.2 设备定位点和路肩高程宜结合全景影像从设备及路肩点云数据中提取。

7.4.3 站内设备应测量重要建筑物和设备的高程，应包括站台顶面、转车盘盘顶、转车盘盘底等。

7.4.4 路肩高程测量一般地段间距宜为100m，线路纵坡大于12‰的地段，间距宜为50m；无砟桥面、路肩低洼处应加测高程。

7.5 横断面数据处理

7.5.1 横断面测绘宽度和密度按照运营维护要求，应满足以下规定：
1 线路纵横向地形变化处、路堤最高点、路堑最深点、填挖分界点、桥台桥尾、隧道进出口、挡土墙、护坡、站路分界点、站内路桥、路隧分界点、站房、货场、平交道口和线间距变化控制点等处均应测绘横断面。
2 横断面的宽度宜测至路基坡脚或堑顶以外，改建线路或增建第二线一侧，可根据需要加宽。

7.5.2 横断面应以既有线正线为中心，各股道的轨顶、砟肩、砟脚、路肩、侧沟及平台、纵向排水沟、路基边坡变化点、坡脚、堑顶等特征点均应测量，距离和高程均取位至厘米（cm）。

7.5.3 根据线路中线的起止里程，按给定里程或间距自动提取横断面，经人工检查、增加特征点属性及修改断面后，输出断面文本格式文件和二维断面图。横断面图的比例尺应为1:200，特殊情况可采用1:100或1:50。

7.5.4 横断面测量应在扫描点云的有效范围内，遇有点云遮挡、密林或水域等激光点不足区域，应采用其他手段进行补测。

7.5.5 横断面测量时应面向大里程方向，从左至右沿同一里程提取地形变化点，并对提取的断面进行检测，检测限差不应超过下列公式的计算值：

$$d_h = \pm\left(\frac{l}{1000} + \frac{h}{100} + 0.2\right) \quad (7.5.5\text{-}1)$$

$$d_l = \pm\left(\frac{l}{100} + 0.1\right) \quad (7.5.5\text{-}2)$$

式中：d_h——高程限差（m）；
d_l——明显地物点的距离限差（m）；
h——检查点至线路中桩的高差，取绝对值（m）；
l——检查点至线路中桩的水平距离（m）。

7.6 地形测绘

7.6.1 地形图测绘宽度可根据工务管理的需要确定，应包括用地红线范围，在区间线路中线两侧不宜小于100m，区间比例尺为1:2000；车站宜为最外股道向外100m，三等及以上车站比例尺为1:1000，重点工程工点的制图范围与比例尺应满足专业需求。

条文说明

地形图测绘主要针对扫描范围内点云数据进行，制图范围如有其他要求，可采用其他技术手段进行补充测量。

7.6.2 地形等级应按表7.6.2的规定划分。

表7.6.2 地形等级表

地形等级	Ⅰ（平坦地）	Ⅱ（丘陵地）	Ⅲ（山地）	Ⅳ（高山地）
地面坡度（°）	<3	3~10	10~25	25以上
地面高差（m）	<25	25~150	150~350	350以上

注：表内数据系指在一个测段内测图范围中的大部分地面坡度或高差，地面坡度与高差有矛盾时，一般以地面坡度为主。

7.6.3 地形图的基本等高距应符合表7.6.3的规定，同一测区的同一种比例尺地形图，宜采用同一种基本等高距。

表7.6.3 地形图的基本等高距

地形图比例尺	1:1000	1:2000
基本等高距（m）	1；2	1；2

7.6.4 地物点的平面点位中误差不应大于表7.6.4的规定。

表7.6.4 地物点点位中误差（m）

成图比例尺	地形等级			
	Ⅰ	Ⅱ	Ⅲ	Ⅳ
	点位中误差			
1:1000	1.6	1.6	1.6	1.6
1:2000	2.0	2.0	2.4	2.4

7.6.5 高程注记点、等高线的高程中误差不应大于表7.6.5的规定。

表 7.6.5 高程注记点和等高线的高程中误差（m）

成图比例尺	地形等级							
	Ⅰ		Ⅱ		Ⅲ		Ⅳ	
	高程注记点	等高线	高程注记点	等高线	高程注记点	等高线	高程注记点	等高线
1:1000	0.40	0.50	0.60	0.75	0.80	1.00	1.20	1.50
1:2000	0.60	0.75	0.96	1.20	1.60	2.00	2.00	2.50

7.6.6 依据全景影像和激光点云数据，分图层采集铁路两侧点云扫描范围内的铁轨、路肩、路堤、路堑、坡脚、防护网、排水沟、电力线、电缆标等地物。采集应符合下列要求：

1 一般地物、地貌测绘应做到无错漏、不变形、不移位。

2 既有铁路建筑物和设备的测绘，应结合复测台账资料绘出，铁路生产用房逐栋绘出。

3 非铁路地物的表示影响到铁路要素时，可适当取舍。

7.6.7 激光点云应按表 7.6.7 的要求进行抽稀并对点云进行精细分类。精细分类应符合下列要求：

1 对高程突变的区域，调整参数或算法，重新进行局域的分类。

2 采用人机交互方式，对模型中不连续、不光滑区域，重新进行分类处理。

表 7.6.7 点云抽稀密度要求

分幅比例尺	点云密度（点/m²）
1:1000	≥16
1:2000	≥4

注：表内平坦地区点云密度应适当减小，地貌破碎地区，点云密度应适当增加。

条文说明

点云抽稀参数在现行行业标准《机载激光雷达数据获取技术规范》（CH/T 8024）的基础上提高了点云的密度要求，结合生产实践，参数可行。点云手工分类参照全景影像或实时生成的数字高程模型（Digital Elevation Model，简称 DEM）晕渲图，通过点云分类显示、高程显示等方法，对高程突变的区域，调整参数或算法，重新进行局域的分类。

7.6.8 利用精细分类的地面点构建 DEM，生成等高线，采集高程注记点。高程注记点应符合下列规定：

1 高程注记点应均匀分布，地形图的每 100mm×100mm 方格不少于 8~10 个。

2 沟心、谷底、鞍部、山顶、变坡处、陡坎、堤坝顶、堤坝底、公路、道路交叉点等应采集高程注记点。
3 线路、地质、水文各专业所需的专用点应测注高程注记点。

7.6.9 既有线复测要素应按规范和图式要求标绘于地形图上，标绘应满足下列规定：
1 线路中线要素应标注公里标，ZH、HY、QZ、YH、HZ 点以及曲线转角 α、切线长 T、半径 R、缓和曲线长 l 等。贯通里程标注在下行线或上行线外侧，曲线要素控制点标识线应垂直于线路且延伸至图外。单线曲线要素表，注在该曲线内侧中部。复线的曲线要素表，左线注左侧，右线注右侧。
2 线路设备应标注桥、涵、隧道、平立交道、平过道、信号机等，标识线应垂直于线路，注记标注在地形图范围线边外 1cm 处。
3 根据车站分类及等级进行车站标注。
4 站内设备车站股道按下行正线一侧用单数、上行正线一侧用双数，从正线向外顺序编号；道岔编号注记平行于铁路，除跨线设备外，可压盖其他地物；警冲标、矮柱信号机按图式要求表示，矮柱信号机方向、个数以复测为准。
5 进站、出站、驼峰及复式信号机，按图式规定大小与铁路平行表示。有里程的标注里程，无里程时只标示信号机。
6 各复测要素的里程注记为小数点后两位，小数点后不足两位数时用 0 补齐。
7 当复测要素注记相互影响或因压盖重要地物时，标识线可以转折，字高不宜改变，字体的宽度可适当调整。

7.7 沿线三维实景建模

7.7.1 三维实景建模范围及内容应包括线路两侧激光扫描设备可视范围内的地形、地物及铁路附属设备等，其几何、纹理信息可采用激光点云、可量测实景影像、全景影像、地面摄影等方法获取。

7.7.2 三维实景建模宜采用下列方法：
1 全景影像与点云结合进行点云模型真彩色建模。
2 可量测实景影像与激光点云融合建模。
3 在激光点云上采集三维矢量线条，采用专业建模软件进行实景建模。

条文说明

参考中铁第一勘察设计院集团有限公司、中铁第四勘察设计院集团有限公司、中国铁路设计集团有限公司等单位基于车载激光扫描生产三维实景模型工作方法归纳总结。

7.7.3 车载三维实景模型细节层次模型应符合下列规定：
1 地形模型应逼真反映地形起伏特征和地表形态，DEM 格网单元尺寸不宜大于

1m×1m，其高程中误差不应大于0.37m；铁路用地范围内地表的质地、色彩、纹理等特征应采用数字正射影像图（Digital Orthophoto Map，简称DOM）表示，DOM地面分辨率不应大于0.1m。

2 铁路及附属设施模型应包括轨道、轨枕、信号机、接触网等模型，应准确反映轨道面及附属设施的结构、尺寸、质地、色彩等特征。

条文说明

车载三维实景模型细节层次模型精度主要参照现行行业标准《城市三维建模技术规范》（CJJ/T 157）和《三维地理信息模型数据产品规范》（CH/T 9015），并结合车载扫描数据实际可利用需求制定。

7.7.4 车载扫描数据建模存在空洞时，可采用原始点云数据和对点云数据构网的方式进行空洞修补。

7.7.5 三维实景模型数据质量检查应包括下列内容：
1 模型纹理的清晰度、是否拉花、变形等外观检查。
2 模型平面位置、高度、形状、比例等几何精度的准确性检查。

7.8 线路测量数据成果提交

7.8.1 线路测量数据处理成果宜包括下列内容：
1 线路地形平面图。
2 线路横、纵断面图。
3 站场平面图。
4 复测诸表：
1）车站表；
2）坡度表；
3）曲线表；
4）隧道表；
5）桥梁表；
6）涵渠表；
7）平交道口表；
8）立体交叉表；
9）跨线电力线表；
10）新旧里程对照表；
11）断链表；
12）区间信号机表；

13）拨道量表；

14）轨道起落道量表；

15）线间距表。

7.8.2 三维实景建模成果提交应包括：

1　激光扫描数据、影像数据、视频数据等原始数据。

2　三维实景模型成果。

3　技术设计书、技术总结和验收报告等资料。

8 铁路限界测量数据处理

8.1 一般规定

8.1.1 限界测量内容应包括隧道、桥梁、天桥、站台、雨棚、高架候车室、信号机、通信设备、电力设备、车辆设备、接触网设施、安全检测装置及线路附近其他建筑物和设备等的测量。

8.1.2 限界测量基准线水平方向为线路中心线，竖直方向为轨面。

条文说明

参考现行行业标准《铁路建筑实际限界测量和数据格式》（TB/T 3308）的规定，限界测量有两种基准：一是以大地为测量基准，二是以轨面为测量基准。本规程所述的限界是以轨面为测量基准，在垂直于线路中心线的断面内，测量建筑物和设备的内轮廓点（最近点或最高点或最低点）距两轨顶连线的垂直高度，和其距垂直平分两轨顶连线的直线距离。

8.1.3 限界测量范围宜符合下列规定：
1 水平测量范围直线区段宜为线路中心两侧各 2600mm，曲线区段为线路中心两侧各 3300mm。
2 竖向测量范围宜为距离轨面高度 6000mm 以内。
3 对于限界高度要求大于 6000mm 的线路，按限界要求高度测量，隧道及其附属物进行全断面测量。

8.1.4 车载三维激光扫描限界测量应从点云数据中提取铁路周边建筑和设施断面，分析其与铁路限界标准的关系，判断是否出现侵限。

8.1.5 限界测量允许误差值应符合表 8.1.5 的规定。

条文说明

本表格中里程测量偏差、检测横断面间隔、相邻线间距测量偏差、建筑物和设备测量误差数值主要参考行业标准《铁路建筑实际限界测量和数据格式》（TB/T 3308）的相关规定。

表8.1.5 限界测量允许误差要求

测量项目	允许误差
里程测量偏差（m）	±1
检测横断面间隔（m）	≤0.5
相邻线间距测量偏差（mm）	0~20
建筑物和设备测量偏差（mm）	0~20

8.2 线间距数据处理

8.2.1 线间距测量的内容为相邻两条线路中心线间的水平距离。

8.2.2 线间距测量应从点云数据中提取线路左右轨顶点，计算线路中线，测点间隔宜小于0.5m，按照规定的间距提取横断面，计算断面上多条中线点的水平距离。

8.2.3 直线地段最小线间距要求应符合表8.2.3-1和表8.2.3-2的规定。

表8.2.3-1 普速铁路线间距

序号	名称		最小线间距（mm）
1	区间双线	$v \leq 120$km/h	4000
		120km/h $< v \leq$ 160km/h	4200
		160km/h $< v \leq$ 200km/h	4400
2	站内正线		5000
3	站内正线与相邻到发线	$v \leq 120$km/h	5500
		120km/h $< v \leq$ 160km/h	6000
		160km/h $< v \leq$ 200km/h	6500
4	到发线间、调车线间		5000
5	站内正线设有高柱信号机，相邻两线均需通行超限货物列车		5300
6	站内正线设有高柱信号机，相邻两线只有一条通行超限货物列车		5000
7	牵出线与其相邻线		6500

表8.2.3-2 高速铁路线间距

序号	名称		最小线间距（mm）
1	区间双线	$v = 160$km/h	4200
		160km/h $< v \leq$ 200km/h	4400
		200km/h $< v \leq$ 250km/h	4600

表 8.2.3-2（续）

序号	名 称		最小线间距（mm）
1	区间双线	250km/h<v≤300km/h	4800
		300km/h<v≤350km/h	5000
2	三线及四线区间的第二线与第三线		5300
3	站内正线	v≤250km/h	4600
		250km/h<v≤300km/h	4800
		300km/h<v≤350km/h	5000
4	站内正线与相邻到发线		5000
5	到发线与相邻到发线		5000
6	安全线与其他线路		5000

条文说明

本规程适用于普速铁路和高速铁路的限界测量工作，因此线间距的最小要求分普速和高速单独说明，数值主要参考原中国铁路总公司《铁路技术管理规程》（普速铁路部分）2014 及《铁路技术管理规程》（高速铁路部分）2014 中的相关内容。

8.2.4 对于普速铁路，曲线地段线间距应考虑限界加宽，加宽距离应根据曲线半径大小计算；高速铁路曲线地段线路中心线间水平距离可不加宽。

条文说明

普速铁路曲线地段的线间距应按曲线半径大小，根据《铁路技术管理规程》（普速铁路部分）2014 附图 1 规定的 v≤160km/h 客货共线铁路的曲线上建筑限界加宽办法计算确定。对于高速铁路，曲线地段的线间距可不考虑加宽。

8.2.5 线间距测量精度要求应满足表 8.2.5 的规定。

表 8.2.5 线间距测量精度要求

测量项目	允许误差
里程测量偏差（m）	±1
点云点间距（mm）	≤20
点云相对精度（mm）	≤5
线路中心线拟合精度（mm）	≤20

8.3 建筑物限界数据处理

8.3.1 建筑物限界应测量信号机、跨线桥柱、雨棚、站台、隧道、天桥等铁路附属设施距相邻线路中心线的横向距离。

8.3.2 曲线地段的站线两侧信号机、高架候车室结构柱和接触网、跨线桥、天桥、电力照明、雨棚杆柱等建筑限界和站台建筑限界，需考虑曲线加宽，实际计算时，曲线内侧建筑限界应按式（8.3.2-1）进行折减，曲线外侧建筑限界应按式（8.3.2-2）进行折减

$$X = B - \frac{40500}{R} \tag{8.3.2-1}$$

$$X = B - \frac{44000}{R} \tag{8.3.2-2}$$

式中：X——折减后的建筑限界半宽（mm）；
R——曲线半径（m）；
B——实测建筑限界半宽（mm）。

条文说明

本条主要依据现行行业标准《铁路建筑实际限界测量和数据格式》（TB/T 3308）规定的以轨面为测量基准，曲线内、外限界加宽计算相关内容。

8.3.3 隧道限界测量宜按照直线50m、曲线20m的间距施测，突变处应加测，隧道限界检测精度为10mm；曲线地段限界应按本规程式（8.3.2-1）和式（8.3.2-2）折减计算。

8.3.4 天桥、雨棚限界测量宜按1m间距从点云数据中提取内轮廓断面，和标准限界轮廓进行比对，测量允许偏差0~20mm。

8.3.5 站台限界测量宜从点云数据中提取站台帽石边缘至铁路轨道中心线的横向距离和站台帽石顶面高程，测量允许偏差0~20mm。

8.3.6 信号设备限界测量宜从点云数据中提取不同高度信号设备距线路中心线的距离，测量允许偏差0~20mm。曲线内、外侧、道岔区段的信号设备应根据曲线半径、设备所处的曲线位置进行加宽计算，曲线内侧加宽值同时需要考虑外轨超高。

8.4 接触网限界数据处理

8.4.1 接触网限界测量内容应包括接触网导高、拉出值、支柱和吊柱侧面限界、吊柱底面高度等。

8.4.2 接触网导高测量宜从点云数据中识别提取接触线悬挂点的高程和对应位置的轨面高程，求差后获取接触网导高值，测量允许偏差 ±5mm。

8.4.3 接触网拉出值测量直线区段为接触线垂直投影后距线路中心线的距离，从点云数据中提取接触线和线路中线进行比对，测量允许偏差 ±10mm。曲线段接触网拉出值按照下式计算：

$$a = m + c \quad (8.4.3\text{-}1)$$

其中：

$$c = h \times \frac{H}{L} \quad (8.4.3\text{-}2)$$

式中：a——接触网拉出值（m）；
$\quad\quad m$——定位点接触线与线路中心的水平距离（m）；
$\quad\quad c$——定位点受电弓中心与线路中心的水平距离（m）；
$\quad\quad h$——外轨超高（m）；
$\quad\quad H$——接触线高度（m）；
$\quad\quad L$——轨距（m）。

8.4.4 支柱（吊柱）侧面限界测量宜从点云数据中提取支柱内缘边界至线路中心的水平距离，测量允许偏差 0~20mm。

8.4.5 吊柱底面限界测量宜从点云数据中提取吊柱底面和对应位置的轨面高程，求差后获取吊柱底面高度值，测量允许偏差 0~20mm。

9 线路及附属设备调查测量

9.1 一般规定

9.1.1 线路及附属设备调查内容应包括对标志标识类、沟槽盖板类、辅助行车类、安全防护类、固定监测和检测类等路产设备设施的位置和属性进行调查。

9.1.2 线路及附属设备调查应利用车载点云数据、全景影像数据，结合工务台账资料，采用人机交互方式对设备位置和属性信息进行采集。

9.1.3 标志标识类设备调查应包括下列内容：
1 线路公里标、半公里标、警冲标等。
2 隧道名牌、号标等。
3 接触网支柱号码牌、电分相断合标、接触网终点标、电力机车禁停标、安全警示标等。
4 区间信号标志牌、信号机或信号点号码牌、禁停牌、中继站标牌、车站接近标、级间转换标、轨旁信号设备箱盒名称牌、通信模式转换标等。

9.1.4 沟槽盖板类设备调查应包括下列内容：
1 桥面作业通道梁缝盖板、T梁桥面检查梯盖板、特殊结构桥梁作业通道钢步板、无砟桥面梁缝防护墙盖板、无砟桥面泄水孔水篦子等。
2 隧道水沟盖板、中心水沟检查井盖板等；轨旁牵引供电电缆、电力电缆、控制光电缆、信号光电缆、桥梁附挂光电缆等沟槽盖板、保护管、附挂槽道及其紧固件等。
3 轨旁给水井盖、盖板、站台墙吸音板等。

9.1.5 安全防护类设备调查应包括下列内容：
1 隧道内邻近正线用于疏散的防护门、桥梁救援疏散通道平台安全门等。
2 跨铁桥梁防护网或栏杆、跨铁路人行天桥防护网等；隧道内供电、通信专用洞室门（栅）、配电开关箱体（门）等。
3 接触网补偿装置坠砣限制架及其防护挡板（栅）、轨旁接触网开关机构与运动监控装置箱体、轨旁电务设备及电缆接头、分支箱体等。
4 信号设备防护罩体、应答器防击打装置、注油装置等。

9.1.6 固定监测和检测类设备调查应包括下列内容：

1 轨旁安装的摄像机、风量、雨量、雪量、异物侵限传感器等各类传感设备及其控制箱盒等。

2 综合视频监控前端设备及控制箱盒等。

9.1.7 辅助行车类设备调查应包括自动过分相地面磁感应器及其紧固件、通信漏泄电缆及直流阻断器等附属设施等。

9.1.8 其他设备调查宜包括隧道内外挂消火栓箱、下承式桥梁桥面以上检查通道和检查车、隧道侧壁射流风机、隧道应急电话等。

9.2 成果提交

9.2.1 线路及附属设备调查应提交调查成果表，可按本规程附录 E 执行。

10 成果整理与归档

10.0.1 铁路车载移动测量成果宜以信息化方式进行整理与归档。

10.0.2 宜根据铁路车载移动扫描原始数据及提供成果进行统一规划和建库工作，分别建立原始激光点云数据库、原始影像数据库、成果数据库等。

10.0.3 成果归档应符合下列要求：
1 技术文档资料齐全、完整，内容真实、表述准确。
2 各项作业记录、技术资料和成果数据完整。

10.0.4 成果归档应包含下列内容：
1 成果清单。
2 移动测量系统设备出厂检校报告。
3 测绘仪器检定证书。
4 作业日志文件。
5 定位测姿、激光点云、影像等原始数据。
6 包含点云和全景影像的预处理成果文件。
7 包含复测要素、建筑限界测量、线路及附属设备调查等内容的最终成果文件。
8 记录手簿。
9 技术设计书。
10 技术总结。
11 验收报告。
12 其他相关资料。

条文说明

根据铁路车载移动测量扫描获取数据及提供的成果进行资料的归档整理，要求如下：

（1）纸质文档：
①铁路车载移动测量技术设计书；
②车载移动测量系统设备出厂检校报告；

③车载移动测量数据点间距检查报告;
④点云成果精度验证报告;
⑤项目总结报告;
⑥其他相关成果资料。
(2) 电子文档:
①存储介质:激光扫描原始数据、全景影像数据、视频资料及电子文档采用硬盘存储。硬盘大小要求至少 2TB,接口要求为 SATA 接口,配置类型要求为基本磁盘。
②文档名称及格式:电子文档的名称与纸质文档名称相同,且只有一个文件,文档中有电子文档数据的,需转为无安全设置的 Word 和 PDF 格式文件。

附录 A 控制点埋石图及标识

A.1 控制点标志

A.1.1 控制点标志材料宜采用不锈钢制作。不锈钢标志可采用直径为 20mm、长度为 20~30mm 不锈钢材料，下部采用普通钢筋焊接而成。

A.1.2 控制点标志规格应符合图 A.1.2 的规定。

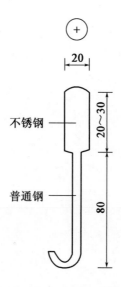

图 A.1.2 控制点标志（尺寸单位：mm）

A.2 平面控制点标石的埋设

A.2.1 三等、四等平面控制点标石埋设规格应符合图 A.2.1 的规定。

A.2.2 五等及以下平面控制点标石埋设规格应符合图 A.2.2 的规定。

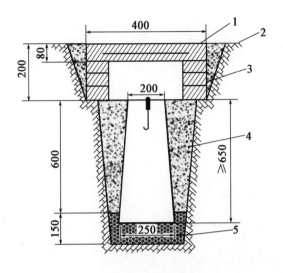

图 A.2.1 三等、四等平面控制点标石埋设图
（尺寸单位：mm）
1-盖板；2-地面；3-保护井；4-素土；5-混凝土

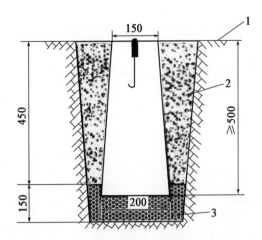

图 A.2.2 五等及以下平面控制点标石埋设图
（尺寸单位：mm）
1-地面；2-素土；3-混凝土

A.3 水准点标石的埋设

A.3.1 三等水准点标石埋设规格应符合图 A.3.1 的规定。

A.3.2 四等及以下水准点标石埋设规格应符合图 A.3.2 的规定。

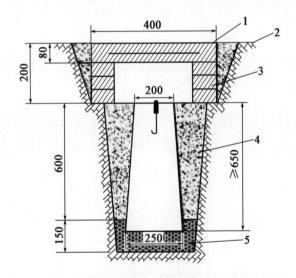

图 A.3.1 三等水准点标石埋设图（尺寸单位：mm）
1-盖板；2-地面；3-保护井；4-素土；5-混凝土

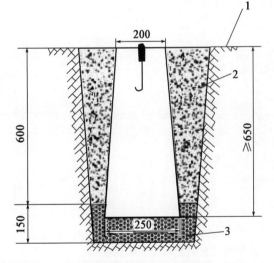

图 A.3.2 四等及以下水准点标石埋设图
（尺寸单位：mm）
1-地面；2-素土；3-混凝土

附录 B 控制点点之记

表 B.0.1　×××点之记

工程名称：　　　　　　　　　　　　　　　　　　　　　　　　　第　页　共　页

点名		等级	
详细位置图		标石断面图	
点位详细说明		（点位近视图片）	
所在地及交通路线		（点位远景、远视图片）	
标石类型		概略坐标（CGCS2000）	
选埋单位		$B=$	$L=$
选埋者		选埋日期	
备注			

附录 C 靶标样式示意图

靶标样式示意图如图 C.0.1、图 C.0.2 所示。

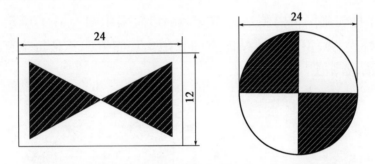

图 C.0.1 喷涂、粘贴平面型靶标示意图（尺寸单位：cm）

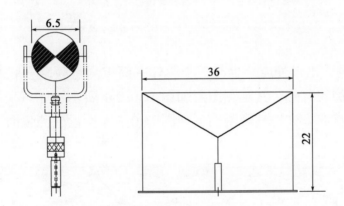

图 C.0.2 CPⅢ立体型靶标示意图（尺寸单位：cm）

附录 D 隧道段靶标控制网自由测站边角交会测量构网形式

D.0.1 洞内靶标控制网自由测站边角交会测量宜采用图 D.0.1 所示的构网形式。除首尾两对洞内靶标控制点有 3 个测站的方向和距离观测值，其余每个靶标控制点有 4 个测站的方向和距离观测值。

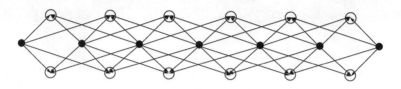

图 D.0.1 洞内靶标控制网自由测站边角交会测量构网图

D.0.2 在隧道进、出口处应至少与 2 个洞外平面控制点联测，联测时可采用在洞外基础控制点置镜观测的方式，其观测图形如图 D.0.2-1 所示；亦可采用在自由测站置镜观测洞外基础控制点的方式，其观测图形如图 D.0.2-2 所示。测量时应与洞内基准控制点联测。

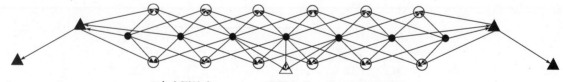

图 D.0.2-1 在洞外基础控制点置镜观测靶标控制点的观测网图

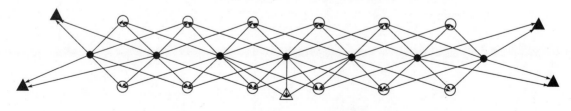

图 D.0.2-2 在自由测站置镜观测洞外基础控制点的观测网图

附录 E 线路及附属设备调查成果表

表 E.0.1 线路及附属设备调查成果表

序号	检测内容	铁路集团公司	线路名称	行别	股别	里程位置	异常评判初步结论	影像资料	复核情况				检测时间
									实际里程	里程误差	复核结果	说明	
1	标志标识												
2													
3													
4	沟槽盖板												
5													
6													
7	安全防护类设备												
8													
9													
10	固定监测和检测类设备												
11													
12													
13	辅助行车类设备												
14													
15													
16	其他设备												
17													
18													

本规程用词说明

执行本规程条文时,对于要求严格程度的用词说明如下,以便在执行中区别对待。

1) 表示很严格,非这样做不可的用词:

正面词采用"必须",反面词采用"严禁"。

2) 表示严格,在正常情况下均应这样做的用词:

正面词采用"应",反面词采用"不应"或"不得"。

3) 表示允许稍有选择,在条件许可时首先应这样做的用词:

正面词采用"宜",反面词采用"不宜"。

4) 表示有选择,在一定条件下可以这样做的用词,采用"可"。

引用标准名录

1 《铁路工程基本术语标准》（GB/T 50262）
2 《城市三维建模技术规范》（CJJ/T 157）
3 《车载移动测量数据规范》（CH/T 6003）
4 《车载移动测量技术规程》（CH/T 6004）
5 《机载激光雷达数据获取技术规范》（CH/T 8024）
6 《三维地理信息模型数据产品规范》（CH/T 9015）
7 《铁路工程测量规范》（TB 10101）
8 《改建铁路测量规范》（TB 10105）
9 《铁路建筑实际限界测量和数据格式》（TB/T 3308）

涉及专利和专有技术名录

［1］中铁第一勘察设计院集团有限公司．一种适用于铁路线路运营维护测量的靶标装置：中国，201620462604.2［P］.2016-05-20.

［2］中铁第一勘察设计院集团有限公司．基于车载LiDAR技术的铁路线路运营维护测量方法：中国，201610336069.0［P］.2016-05-20.

［3］中铁第一勘察设计院集团有限公司．采用靶标控制网提高车载LiDAR点云数据精度的方法：中国，201610336068.6［P］.2016-05-20.

［4］中铁第一勘察设计院集团有限公司．基于高精度车载激光移动测量系统铁路工程限界检测方法：中国，201911220541.4［P］.2019-12-03.（审查中）

［5］中铁第一勘察设计院集团有限公司．基于移动测量系统自动化提取铁轨断面的方法：中国，201911221259.8［P］.2019-12-03.（审查中）

［6］中铁第一勘察设计院集团有限公司．基于高精度车载移动测量系统无咋轨道资产台账调查方法：中国，201911220515.1［P］.2019-12-03.（审查中）

［7］中铁第四勘察设计院集团有限公司．一种提高铁路车载激光雷达扫描数据精度的方法：中国，201610377266.7［P］.2016-05-31.

［8］中铁第四勘察设计院集团有限公司．一种基于车载激光雷达技术的铁路既有线复测方法：中国，201610377269.0［P］.2016-05-31.

［9］中铁第四勘察设计院集团有限公司．既有线快速复测测量车的里程测量轮：中国，201721830276.8［P］.2017-12-25.

［10］中铁第四勘察设计院集团有限公司．一种具有传感器组合的轨道自动测量车：中国，20172183122.2［P］.2017-12-25.

［11］中铁第四勘察设计院集团有限公司．具有激光对点器的轨道复测测量车：中国，201721832752.X［P］.2017-12-25.

［12］武汉汉宁轨道交通技术有限公司．车载式全景相机：中国，201030185035［P］.2010-05-31.

［13］武汉汉宁轨道交通技术有限公司．轨道移动测量装备（双测量头）：中国，2019301029284［P］.2019-03-13.

［14］武汉汉宁轨道交通技术有限公司．隧道病害检测设备、系统及方法：中国，2019106471523［P］.2019-07-17.

［15］武汉汉宁轨道交通技术有限公司．激光点云数据处理方法、装置及系统：中国，2019112978751［P］.2019-12-16.

［16］武汉汉宁轨道交通技术有限公司．轨道侵限检测方法、装置及电子设备：中国，2019112988414［P］．2019-12-16．

［17］武汉汉宁轨道交通技术有限公司．隧道结构检测方法、装置和电子设备：中国，2019114247619［P］．2019-12-31．

本文件的发布机构提请注意，声明符合本文件时，可能涉及相关专利的使用。

本文件的发布机构对于该专利的真实性、有效性和范围无任何立场。

该专利持有人已向本文件的发布机构保证，他愿意同任何申请人在合理且无歧视的条款和条件下，就专利授权许可进行谈判。该专利持有人的声明已在本文件的发布机构备案。相关信息可通过以下联系方式获得：

专利持有人姓名：中铁第一勘察设计院集团有限公司、中铁第四勘察设计院集团有限公司、武汉汉宁轨道交通技术有限公司。

地址：陕西省西安市雁塔区西影路2号、湖北省武汉市武昌区杨园和平大道745号、湖北省武汉市东湖高新区武大航域D7栋。

请注意：除上述专利外本文件的某些内容仍可能涉及专利。本文件的发布机构不承担识别这些专利的责任。